東アジアの紹介型国際結婚

グローバルな家族と越境する親密性

郝 洪芳
HAO Hongfang

明石書店

目次

序　章

1．東アジアの「お見合い結婚」と国際移動

２００９年の夏のある朝、中国東北部にある調査対象の玲の実家に泊まり、隣の部屋の話し声で二人とも目が覚めた。玲の母親と姨（母親の妹）がおしゃべりしていたのだ。近所の日本人と結婚した女の子が里帰りしていること、また、韓国人と結婚して韓国に移住した叔母の元夫が、いまは毎日酒を飲むばかりで何もやっていないらしいという話が聞こえてきた。同じ部屋で寝ている玲は、「ほら、ここではね、毎日外国に行っている人の噂話ばかりだよ」と言う。日々こうした情報に巻き込まれているのだ。

玲は、20代前半のおしゃれが好きな可愛い女の子だ。仲介業者の紹介で日本人夫と結婚式をあげて間もない頃で、日本に行くビザが下りるのを待っていた。夫は30代後半で、結婚式の後も中国に会い

に来てくれた。一方、玲はビザを待つ間、仲介業者がやっている日本語教室で日本語を習っている。授業の合間に、同じように結婚式を挙げずみのクラスメートたちと交流し、みんなで日本に住んだことのある中国人の日本語教師から日本のことを聞かせてもらっている。そして夫は、離れている間は毎日必ず電話をかけてくれる。玲は覚えた簡単な日本語で会話し、夫は毎回「早く日本に来てほしい」と言ってくれる。

その日は、玲と一緒に起きて、朝食を食べてから、近所の新婚のベトナム人妻の家に遊びに行った。お隣の中国人男性が離婚し、最近このベトナム人女性と再婚したのだ。前妻は韓国人と結婚して韓国に移住した。玲がその家を訪問するのは、そこに自分が日本に移住後の様子が映し出されているかもしれないと思ったからのようだ。

玲は、その三ヶ月後に、ついに日本へ旅立った。

玲のような国際移動に伴うお見合い結婚は、東アジアでは歴史的に行われてきた。例えば、日本では20世紀初頭、先にアメリカに移住していた日本人男性は、法的にも社会的・文化的にも、移住した国で結婚相手を求めることが難しかったため、信用できる故郷の知り合い、仲人、親戚、親などに自分の写真と履歴書を送り、祖国の日本にいる女性と太平洋を隔てて写真や手紙を交換することによって「写真結婚」[1]をした。アメリカに到着した日本人女性たちは、「写真花嫁」[2]と呼ばれた。似たような形の結婚は、１９３０年代に日本において「満洲」[3]移民事業とともに、「満洲」開拓団の団員とお見合い結婚して「満洲」に移住する「大陸花嫁」[4]がいた。そして、戦後、ブラジルへの移民事業とともに、ブラジルにも「写真花嫁」[5]が渡るようになった。

それから、１９８０年代半ば頃から、日本国内の経済発展、生活向上に伴って、日本に「アジア人花嫁」がやってくるようになった。日本の東北地方の農村地域では「嫁不足問題」を解決すべく、行政主導型の国際結婚の斡旋政策がしばしば実施されていた[6]。また、農村部における外国人花嫁の受け入れ時期よりも少なくとも10年早く、都市部ではすでに民間業者による台湾や韓国人女性との国際結婚紹介が始まっており、その成婚数は農村部よりはるかに多かった[7]（宿谷 1988：90-110）。２０００年以降成立した仲介業者は、東京都を中心とする三大都市圏に集中して存在し（Ishikawa 2010）、インターネットの発達により、ホームページから男性の募集がなされるようになった。

このような歴史の流れの中、１９７５年に、日本における日本人男性と外国籍女性との結婚数が日本人女性と外国籍男性との結婚数をはじめて上回ったことが、東アジア間における結婚移住の始まりを示していたと言えるだろう。当初、日本人男性と結婚する女性は、韓国籍などが多かったが、やがては１９８０年代にフィリピン籍、１９９０年代後半から中国籍が一番多くなった。そして、外国籍女性との結婚は、日本人男性だけにとどまらず、２０００年頃には、韓国や台湾地域においても急増した（Lee 2013：Tseng 2010）。さらに、２００９年あたりから中国人男性もベトナム籍女性と結婚するようになってきた[8]（Hao 2015）。

仲介業者、あるいは親戚、友人による紹介を通じたお見合い結婚という紹介型国際結婚は、東アジア間における婚姻移住の特徴となっている（Wang and Hsiao 2009）。たいてい男性が一回、あるいは二回ほど女性の暮らす地域に行って、お見合いし、結婚式をあげる。結婚届を持って女性の配偶者ビザを申請し、女性がビザを取得してから初めて男性の暮らす地域に移住する。

近年、東アジア間の紹介型国際結婚移住は、玲の地域のように、日本、韓国、ベトナムなど多国が関わって、国際結婚移住者を送出しながら、受け入れもするようになっている。本研究は、東アジア間における紹介型国際結婚を対象に、結婚移住の錯綜している実像を描く。

2. 国際移動の女性化と親密性の労働

紹介型国際結婚を考える上で、国際移動の女性化と親密性の労働は、重要な概念である。

１９７０年代から、女性はこれまでの家族として呼び寄せられて国際移動するのではなく、単身で国際移動するようになり、「移動の女性化（feminization of migration）」（Hugo 2005：Yamanaka and Piper 2005）を引き起こした。

女性の国際移動の増加に伴い、移民・移動研究においてジェンダー視点の導入が必要とされた（Donato et al.2006：Pessar and Sarah 2003：Mahler and Pessar 2006）。女性移民は、男性と同じように、経済収入を期待して国際移動をするが、移動先で「女性の仕事」（家事労働やケア労働、セックスワーカーなど）に従事することが多いのが特徴的である（Ehrenreich and Hochschild 2002：Parreñas 2001：伊藤・足立 2008）。これは、先進諸国の経済発展と女性の社会進出に伴い、ケア不足（care deficit）が生じるようになり、より経済的に遅れる地域の女性が、先進諸国において、女性の仕事を担うようになったからと分析されている（Ehrenreich and Hochschild 2002）。換言すれば、経済的により進んでいる地域が、より遅れる地域から「愛とケア」を輸入するようになったのである。この「愛とケア」がすなわち「親密性の労働」（intimate labor）にあたる。

親密性の労働とは、「社会的再生産のためのサービスにおける身体的で感情的な相互作用に関係する仕事」であり、「家庭の中や外において個人の親密的必要／要求の世話をすること」である（Boris and Parreñas 2010:5）。親密性の労働は、「家庭の中でも外でも、有償でも無償でも行われ、再生産やケアより広い範囲の活動を含むことができる概念」であり、「現象的に『親密性』に関わる活動を緩やかに指し示すことができる」（落合 2012：9）。これらの親密性の労働の間に連続性も見られる。例えば、女性たちは結婚移住の後に労働市場に出て、ケアワーカーとして働くこともあるし、労働移動の後に、受け入れ先の国で結婚して妻になることもある（Piper and Roces 2003）。先進国が途上国から「愛とケア」を輸入することで、より経済的に遅れている地域の女性が「親密性」に関わる活動をするようになり、親密性の労働の国際分業ができあがっている。

親密性の労働の国際分業に伴い、親密性のグローバル市場における商品化が進んでいる。親密性の商品化とは、つまり親密性あるいは親密関係があたかも包装、広告、価格付けられ、市場で売買され消費されることが可能であるかのように理解されることである（Constable 2009:50）。親密性の商品化に重要な役割を果たしているのは、インターネットをはじめとする新しいテクノロジーである。新しいテクノロジーは、遠距離間の移民の募集、面接、雇用、宣伝などにおいて活用される一方、移民が出身コミュニティや家族との間の関係を維持し、および移住先のネットワークや個人の親密な関係を構築するのに役立っている。

「移動の女性化」および「親密性の商品化」は、アジア諸国の間においても顕著に現れている。一部の国や地域は家族と結婚の国際化を通じて、家事やケアの労働力を同じアジアの地域から調達する（Wang and Hsiao 2009：Yang and Lu 2010）。家族ケアを補完／促進する外国人家事労働市場が活用され、家族の領域に接合させて、アジア諸国に特徴的な家族ケアモデルが成立しつつある（安里 2014: 626）。家族主義的福祉レジームを特徴とするアジア諸国において、家事労働者や結婚移住者がケアの供給を担っており、親密性の労働が商品化されている（安里 2016：小ケ谷 2009）。

本研究が対象とする東アジアにおける紹介型国際結婚は、こうした「移住の女性化」と「親密性の商品化」を特徴としており、近年研究が重ねられてきた。

3．国際移動と結婚をめぐる構造と主体

国際移動と結婚に関する研究は、女性を構造的な犠牲者とする見方に対して、近年、当事者の主体が重要視されるようになった。

女性結婚移住者研究は、女性の結婚動機と結婚後の生活にそれぞれ焦点を当て、当事者の主体を描

いてきた。まず、女性の結婚動機に関して、社会経済的、ジェンダー的な周辺化が大きな要因だと述べられてきた。例えば、夏（2002）は国際結婚して移住してきたインドネシア人、ベトナム人女性たちと台湾人男性は、それぞれの社会で資本主義経済の発展に取り残され、周辺化されているなか、国際結婚を選んだという。賽漢卓娜（2011）は日本の農村に嫁いだ中国人女性への調査から、女性たちの送り出し社会における経済的、ジェンダー的に周辺化された状況と、国際結婚紹介所の働きによって、海外へ結婚移住する道を「最善」として選択したと述べる。Nakamatsu（2003）はインタビューを通して、日本の農村にきたアジア人女性たちはよく挫折と不安定を経験した後に、安定した幸せな中流の暮らしを望んで、結婚を選択すると明らかにした。

一方、Constable（2003）、Faier（2009）は「欲望」（desire）という概念を使って結婚動機を分析している。Constable（2003）は、国家間の政治経済関係がマクロ的な背景としてではなく、それがどのように日々の暮らしの中に埋め込まれ、親密な関係にまで影響を与え、人びとの欲望を生産・再生産するのかに注目し、欲望の文化的ロジック（culture logics of desire）を明らかにした。国家間の政治経済の関係が日常生活に浸透するなか、アメリカ人男性とフィリピン人女性、中国人女性との間に愛とロマンスが追求されているさまが分析されている。Faier（2009）は日比の歴史的な政治経済関係の影響の中で、フィリピンパブで出会う日本人男性とフィリピン人女性はいかなる相互コミュニケーションを通じて、相手を理想的な結婚相手として見なしていくのかを分析し、「欲望」の生産を明らかにした。

女性たちの結婚後の生活に関しては、主として、受け入れ国における結婚移住者の生活適応および再生産役割をめぐって研究されてきた。例えば、日本では、1980年代に農村地域での日本人男性とアジア人女性との結婚が増えたことにより、地域社会学および農村社会学の分野が中心となって、国際結婚をめぐる社会環境と、国際結婚女性の意識と適応が論じられた（松本・秋武 1994, 1995：右谷 1998：宿谷 1988：中澤 1996：桑山 1995, 1997, 1999）。2000年代以降になると、女性たちの「妻」や「母」、「地域住民」としての主体が注目されるようになった。例えば、日本に嫁いだ中国人女性たちは、子どもへの教育戦略を通じて、外国人母としての主体を確立しようとする姿や（賽漢卓娜 2011）、農村社会の現実を変えていく力を持つ主体的行為者としての結婚移住女性の可能性（武田 2011）が考察された。台湾でも、大陸配偶者の生活はいかに政治や国家権力に作用されているのかが分析され（趙 2004a, 2004b, 2005, 2007）、東南アジア出身の女性配偶者の文化再生産の役割（張・張 2008）や、生活適応と抵抗戦略（王・沈 2003：張 2008：林 2006）が研究されてきた。そして、中国とベトナムとの国境地域に嫁いできたベトナム人女性に対する研究も、結婚移住女性側の中国における身分や法律の問題、妻や母としての生活適応及び葛藤について研究されている（羅 2006：龍・羅 2007：鄭・楊 2009：龍・李 2007：李・龍 2008：羅 2010）。

国際移動に伴う結婚は、東アジアの「移動の女性化」や親密性の労働の国際分業を構成している。国家間の経済格差にもとづく「親密性の商品化」という構造的な背景のもとで、女性たちはより良い人生を求め、妻や母の役割を果たし、異国で奮闘する。一方、結婚と国際移動に関する研究は、愛と道具主義（love/instrumentalism）、主体と依存（autonomy/dependence）、支配と従属、出身とホスト国（dominance/subordination）のような二分法を再考する機会をもたらし、結婚と国際移動をめぐる構造と主体のダイナミックスをトランスナショナルの空間において分析することが大事だとされる（Brettell 2017: 91）。本研究はこれらを踏まえて、紹介型国際結婚を通じて、国際移動と親密性を考察していく。

4．国際移住、お見合い結婚と親密性

紹介型国際結婚移住は、お見合いを経た結婚により、国際移住をするものである。本研究は、国際移住とお見合い結婚の交差から親密性のあり方を問う。

アジアにおいては、もともと見合い結婚の伝統が存在している（Palriwala and Uberoi 2008）。また、上野（1990）は、データから「見合いでも恋愛でも、配偶者選択の落ち着く先はそれほど大きく変わらないという結果」に触れ、「愛情というものはさまざまな多様性のある資源を含んだ総合的な感情」であり、恋愛結婚と言っても本人の自由意志で選んだ相手が親の意に沿う相手と同じ傾向がある」と述べた。さらに、２０１０年になっても「現代日本社会において、見合い結婚と恋愛結婚は、結婚条件としては、実質的な差がなくなっていて、見合い結婚は、先に『条件』から入り、その上に『恋愛感情』が湧くかどうかがポイントとなるのに対して、恋愛結婚は、先に「恋愛感情」から入る

が、結婚に至るかどうかは、経済や親の同意など『条件』に依存するから」と述べられる（小澤・山田 2010：79）。つまり、「恋愛結婚」対「見合い結婚」というカテゴリーでは、もはや配偶者選択や結婚の現実を計ることができなくなっていると言えよう。この点においては、お見合いを経て結婚するという紹介型国際結婚にも当てはまるだろう。

一方、紹介型国際結婚の婚姻のあり方や中身は、結婚移住という文脈の中において見ていく必要がある。移住者は常に多地域のトランスナショナルな社会的な場の中に埋め込まれている。このプロセスには、移動する人たちだけでなく、残された人たちも含まれる（Levitt and Schiller 2004：1003）。そのため、越境する移住者の分析は、移民が出身社会と受け入れ社会に同時にリンクしている社会的な場（social field）を作るトランスナショナルなプロセスに注目する必要がある。トランスナショナルな枠組みを使うには、研究方法の転換が必要であり、移民した人と移民していない人との間のネットワークの交差にも注意を払い、移民の出身地と移住先における同時の活動や状況を合わせて描くことが重要である。

トランスナショナルな社会的な場において、ジェンダーも重要な構造の要素の一つである。トランスナショナルな空間（transnational social spaces）におけるジェンダーと社会的主体（social agency）を分析するため、Mahler and Pessar（2001）はgendered geographies of powerを提起した。ジェンダーは、トランスナショナルな地勢における多層的な空間かつ社会的スケール（例えば、身体、家族、国家）に同時に存在し、機能している。トランスナショナルな空間において、人々は、階層、人種、セクシュアリティ、エスニシティ、ナショナリティによるヒエラルキー上に位置していることは否定できない。一方で、ヒエラルキー上の位置は人々の資源へのアクセスや移動力を規定していると同時に、そのような状況を開拓、磨き、変えようとする主体の力も無視できない。どのようなトランスナショナルな社会的な場／空間でどのような交渉が行われているのかを具体的に究明し、研究対象を女性にするだけではなく、男女の相互行為によるジェンダー関係の生成と相互間の交渉による主体の形成に着目することが重要である（Pessar and Sarah 2003）。これらを通じて、構造的条件の中で主体がどのように形成され、そこでどのような微細な権力関係が構築され、どのように解釈や意味世界を通じて再編されていくのかを解き明かすことが可能になる。

以上を踏まえて、本研究は受け入れ側だけでなく、送り出し社会にも根ざした視点で、トランスナショナルな社会的な場において、結婚移住する女性たちの主体形成をめぐる権力関係および意味世界を分析していく。言い換えれば、本研究は国際結婚を選択して越境移住した女性たちの主観的な意味づけを明らかにすることを通じて、東アジアに特徴的な結婚移住がはらむ問題とその背景を明らかにすることを目的とする。

5. 研究方法

筆者が紹介型国際結婚を知ったきっかけは、日本の新聞で、２００６年の滋賀県で中国人妻による園児殺害事件の記事を見かけたことである。[9]容疑者は筆者と同じく中国東北部の黒龍江省出身だったため、気になった。日本人夫と言葉も通じない状態で、仲介業者の紹介で結婚したということを読んで、どうしてこのような結婚をするのかと疑問に感じた。それから紹介型国際結婚を研究テーマにして、滋賀県の中国人妻の中国の出身地に行ってみた。その出身地は、つまり前述した玲の地域で、その国際結婚の盛んな状況に驚いた。玲の地域は、筆者の出身地からバスで3時間ほどの場所であり、言葉や食文化、生活習慣など共通しているにもかかわらず、その地域の国際結婚文化は筆者にとっては、まったくの異文化だと感じた。

なぜお互い言葉が通じないにもかかわらず結婚するのか。なぜ国際結婚がこの小さな田舎でこれほど普通なことなのか。彼女たちが国際結婚して、外国に移住した後の生活はどのようなものなのか。これらの素朴な疑問から研究を始めた。

上記の問題意識を持って、筆者は日中両国の仲介業者、中国人妻、日本人夫にインタビューを行った。そして、歴史的な視点から、結婚で越境することでは同じの、かつての「写真結婚」で日本から「満洲」やブラジルに渡った日本人女性たちにも会って話を伺い、国際結婚の形成要因を考えた。さらに、台湾やベトナムまで足を運び、国際結婚の発展状況を探った。

このように、国際結婚はグローバル社会におけるトランスナショナルな現象であるため、調査対象の移動を越境的に捉えようとして、本研究はマルチサイテッド・エスノグラフィーという研究方法を採用した。アメリカの人類学者George E. Marcusは、当時の資本主義政治経済のグローバルな発展に対応するために、単一地域の研究のほかに、多地域にわたる新たな調査方法が必要だと問題提起し、1990年代中頃にマルチサイテッド・エスノグラフィー（multi-sited ethnography）という新たな研究方法を提唱した（Marcus 1986, 1995）。マルチサイテッド・エスノグラフィーは単一の地域を超えて文化、意味、物事、アイデンティティなどを分析する方法である。研究者は「状況追随の活動家」（circumstantial activist）になり、より多様で複雑な地域や空間の関連性や特徴を記述し、理論化する（Marcus 1995：111-112）。

この方法の一つの重要な意義は、複数のフィールドのつながりや関連を記述によって構成することで、グローバル化する世界を捉える点にある。また、複数のフィールドを比較、確認することによって、より本質的に問題の発見ができる点にある。この研究方法を使用する際に重要なのは、漠然と調査対象地域を広げるのではなく、必ず明確な問題意識に基づきながら、研究者は常に自分がどこにいるのかを自覚することである（Xiang 2013）。本研究はこの方法を用いて多地域の比較にとどまらず、むしろ多地域で調査した資料をパーツとして、最終的に一つの図を描くことが大きな目的の一つである。つまり、日本、中国、ベトナム、台湾で行った調査を用いて、いかに国際結婚が形成され、発展したのかを描く。

マルチサイテッド・エスノグラフィーはもう一つ重要な意義がある。つまり、これまでのエスノグラフィーにおける調査者と非調査者の間の関係に対する懐疑や反省、脱構築から、複雑で重層的な権力作用が交錯する現実の場と向かい合う「反省的なエスノグラファー」による「再帰的なフィールドワーク」を目指すことである。中心部に属するものが周縁部に属するもの（資本主義先進国と第三世界、都市と農山村など）に対して調査をすること、調査する者とされる者との間の不平等な関係性あるいは何らかの「共同性」が存在することに対しての再帰的で反省をこめた提言である（Clifford and Marcus 1986：Marcus 1995）。筆者は国際結婚移住者を迎え入れる側の社会で蓄積された研究を学んだ大学院生として、それに、調査対象と同じ国の同じ出身階層の者として、中心部と周縁部の両方を抱え込んだようなさらに複雑な立場にある。筆者はこの複雑な立場を反省的に自覚しながら、むしろ強みとして活かすことをめざすことにした。すなわちインタビュー調査においても分析の過程においても中心部と周縁部の往還を意識しながら調査対象者と関係を構築し、再帰的なエスノグラフィーの生成を実践するように努めた。紹介型国際結婚をする女性による、トランスナショナルな社会的な場における構造的な条件の中での主体形成をめぐる交渉、および主観的な意味づけの分析を目的とする本研究にとって、このような方法的自覚は大きな意義を持ったと考える。

マルチサイテッド・エスノグラフィーのほか、本研究において、個別的なインタビューは基本的に半構造化深層面接（semi-structured in-depth interview）を用いた。特に重要だと思われる調査対象には、インターネットや電話などの通信手段も併せて活用し、何年間も連絡を保って、追跡調査および観察をしてきた。

また、最初から調査の主旨を了解してもらい、その後、長くつき合った一部の対象者とは友人のような関係が構築されてきた。筆者自身は女性で、インタビューもどちらかというと、女性側が中心になるが、彼女たちと一緒に横になって、夜中まで語り合うことも少なくなかった。筆者は、彼女たちにとって、同年代の同郷人で親しみを感じる相手でありながらも、完全な「外部者」でもあり、人に語れない悩みを語り合える相手となった。そして、日本人男性側に対しても妻との悩みの相談を受けたり、時には夫婦間の複雑な会話をする時の通訳をしたりしてきた。

本研究の調査対象は以下になる。中国から日本への国際結婚移住は、中国人妻23名、日本人夫14名、仲介業者11名に対して調査を行った。中国大陸から台湾への移住でインタビューしたのは、中国大陸人妻12名、台湾人夫２名である。ベトナムから中国への国際結婚移住の場合は、ベトナム人妻12名、中国人夫９名、仲介業者５名となっている。これらの調査対象者の基本情報および語りの概要は、付録の調査データ表に示される。

6．本書の構成

第一章では、紹介型国際結婚はどのように形成されたのかを論じる。中国から日本、韓国、台湾への紹介型国際結婚移住者の流れの分析を通じて、国境を越える親族ネットワークと結婚移住との関係を明らかにする。

第二章では、国際結婚当事者（およびその家族）であると同時に、仲介業者でもある調査対象の語りを通じて、紹介型国際結婚の具体像を提示する。

第三章では、仲介業者のトランスナショナルネットワークによる紹介型国際結婚の発展、グローバルな家族の形成を取り上げ、国際結婚の越境連鎖を解明する。

第四章では、お見合いの場面に焦点をあて、成婚プロセスにおける結婚当事者及び仲介業者らの間の相互行為を分析する。お見合い現場に男性、女性、仲介業者たちの行動を分析することによって、当事者らの結婚動機を論じる。

第五章では、紹介型国際結婚の夫婦関係を論じる。とりわけ国際結婚移住した後に、受け入れ国において、女性たちはどのような課題に直面するのか、夫婦関係にどのような影響を与えているのか、結婚移住者の夫婦関係に対する長期調査から分析する。

終章に結論と今後の展望について述べる。

第一章　紹介型国際結婚の創出

序章の冒頭では、玲の事例を取り上げ、彼女の周りには外国に移住した人々の情報が非常に多かったことを紹介した。玲の出身地は中国東北部にある「方正県」[10]という場所だ。筆者が最初に方正県を訪ねたのは２００７年の時であった。一見すると中国東北地域の農村そのものだが、しかし、この小さな町では、中国の他地域に見られない光景がある。例えば、県の中心部の店の看板には日本語が併記されており、日本語学校や航空チケットの販売店なども多く、各銀行には日本円の両替レートが書かれている掲示物がある。レストランなどで食事すると、まわりの人たちの会話から、親戚や友達が日本で生活しているという話や、これから日本に行くという話が絶えず耳に入ってくる。また、筆者が宿泊していたホテルで開催された結婚式では、司会者が「日本多么神秘，日本多么美丽」（日本はいかに神秘的で、いかにきれい）と述べるとともに、新婚の夫婦は結婚後まもなく日本に行くことを発表し、「去日本，去拼搏，去为了自己的梦想而奋斗」（日本に行って、一生懸命に自分たちの夢のためにがんばっていく）と話していた。この小さな県では日本のことが日々の話題となっており、ほかの地域に比して日本とのつながりの強さを表している。

方正県の状況が示しているように、紹介型国際結婚移住は、特定の国や地域からの移動となっているのだ。では、その移動の方向はどのような特徴があって、どのような要因に規定されているのか。本章では、方正県をはじめとする日中間の紹介型国際結婚の形成を分析し、それから中国大陸から韓国、台湾への国際結婚移動も取り上げ、東アジアの移動の特徴を抽出することによって、紹介型国際結婚はいかに創出されたのかを明らかにする。

1・1　日中間紹介型国際結婚の形成

日本では、図1が示しているように、1980年代半ば頃から国際結婚が増加し、とりわけ日本人男性と外国人女性の組み合わせが、その大半を占めている。図2が具体的に日本人男性はどの国の女性と結婚しているかを示している。日本人男性の多くは中国人、韓国人、フィリピン人と結婚している。近年、中国人女性は日本人男性と結婚する最大のグループとなっている。

日中間の国際結婚の場合、女性が中国東北地域から来ていることが多い（賽漢卓娜 2011：79）。筆者が日中間の国際結婚を紹介するウェブサイトの情報を分析したところ、全31社のうち23社が中国東北部（黒龍江省、吉林省、遼寧省）出身の女性を紹介しており[11]（郝 2010）、やはり、中国の東北三省の女性が一番多いことが確認できた。その中でも前述した方正県は日本への結婚移住が一番多い地域で

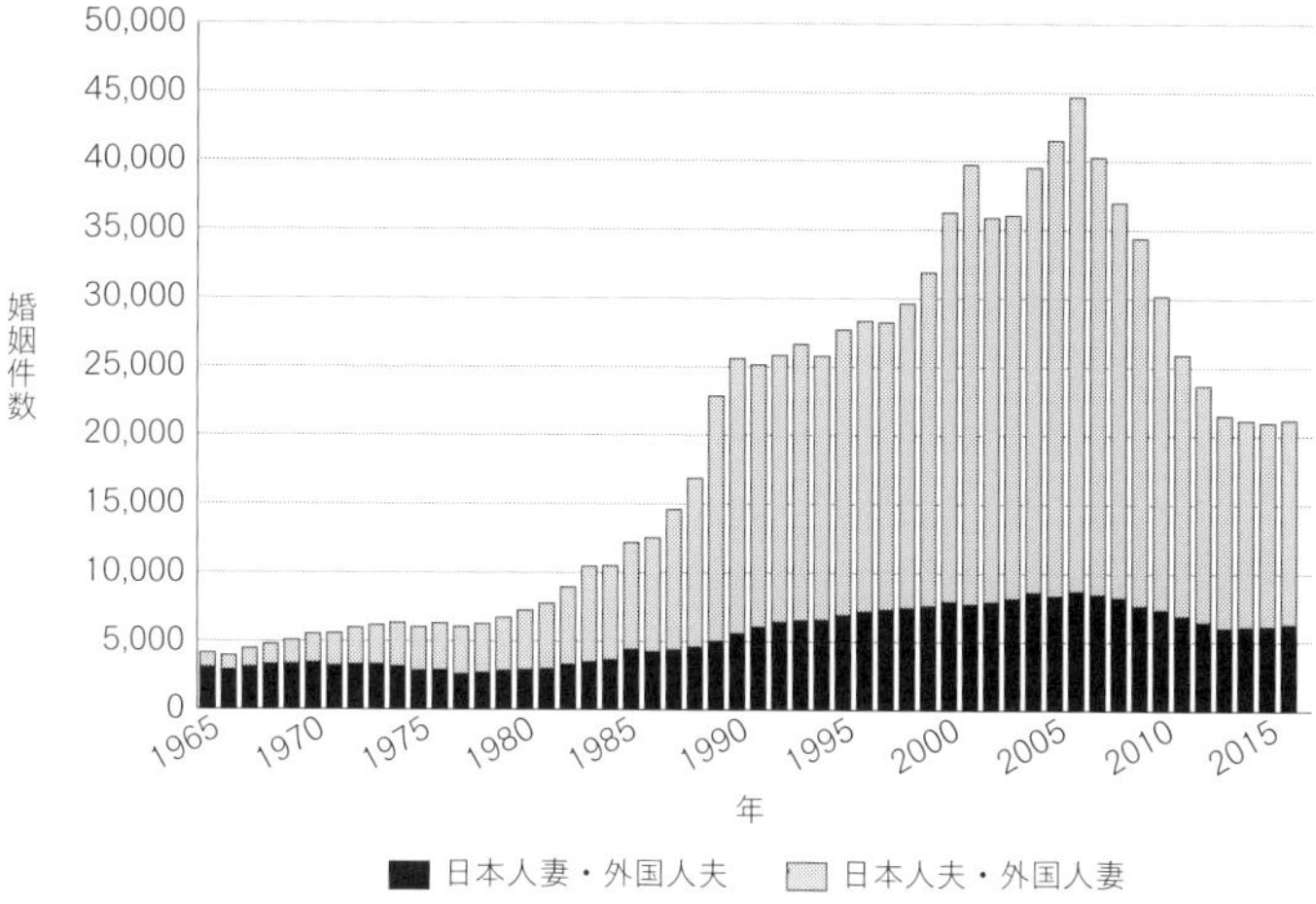

図1：日本における国際結婚件数の推移（厚生労働省人口動態統計）

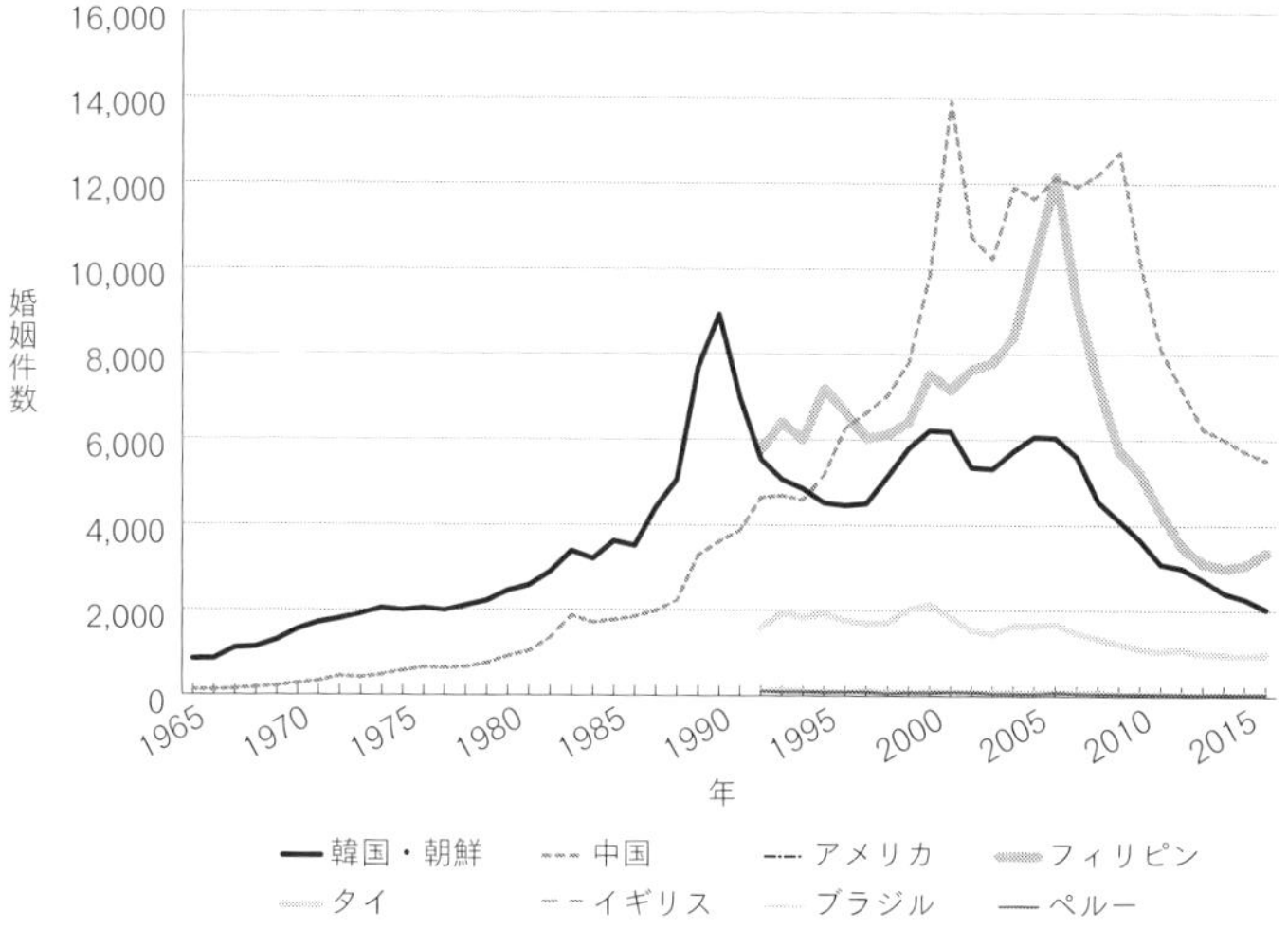

図2：日本における国籍別外国人妻数推移（厚生労働省人口動態統計）

ある。

では、方正県は日本とどのような関係にあるのか、どのようにして国際結婚移住が行われるようになったのか。次節から詳しく見ていく。

1・1・1　方正県から日本への国際結婚移住

まず、方正県と日本との間の関係から説明しよう。方正県政府は以下のように日本との関係を説明している。

「九・一八」事変以後、日本は中国東北地域に開拓団を送り続けていた。当時、方正県内に四つの開拓団があり、456世帯で2114人がいた。1945年の日本敗戦後、まだ東北地域にいた開拓民、とりわけ老人、婦女と子どもたちがグループになって日本に帰国しようとした。付近の開拓民も方正県を通って、ハルピンを経由して帰国しようとしていた。その数は、方正県伊漢通開拓団本部（現伊漢通郷吉興村）と興農合作社（現方正県総合高校）合わせて、1万5000人にも至った。長い旅による体力の消耗と冬の到来で、衣食が足りず、伝染病が流行って、開拓民の中には倒れてしまう人が続出した。一部の人はその後日本帰国を果たしたが、なお4500名の婦女と子どもが方正県に留まったままで、方正人民の家に入って、特殊な中日家庭を築いた。これによって、方正県と日本の親縁、血縁が形成された。中日国交正常化以後、方正県人民に救われた女性や、育てられた子どもたちが家族とともに日本に帰国し、やがて、方正県は黒龍江省の中で華僑華人や帰僑、華僑華人の家族が一番多いところとなった。[12]

老人、婦女と子どもたちだけとなったのは、終戦直前、壮年男子が根こそぎ軍隊に召集されたためである。方正県に残された婦女のほとんどは後に中国人と結婚し、身寄りのない子どもたちは中国人の子どもとして引き取られ、いわゆる中国残留婦人・残留孤児となった。「残留孤児」とは、日本の厚生労働省の定義によると、（1）戸籍の有無にかかわらず、日本人を両親として出生したこと、（2）中国の東北地域（旧「満洲」）などにおいて、1945年のソ連軍参戦以降の混乱によって、保護者と生別または死別したこと、（3）終戦当時の年齢が13歳未満であること、（4）本人が自分の身元を知らないこと、（5）当時から引き続き中国に残留し、成長したことである。そして、当時13歳以上であった女性は「残留婦人」と呼ばれ（呉 2004 : 7）、中国残留婦人・孤児らを合わせて中国残留邦人とも呼ばれる。[13]

1972年に日中の国交が正常化し、紆余曲折を経て、中国残留邦人の日本帰国[14]も次第に行われるようになった。当時帰国できたのは残留邦人および三世までの家族（その配偶者と子どもを含む）だった。厚生労働省の統計によると、2013年3月までに中国残留邦人の永住帰国者数が6695人（うち孤児2547人、婦人など4148人）で、家族を含めた総数は2万866人である。[15]方正県では、「2019年までに日本に居住している華僑華人が6万1800人となっている。また、県内に在住している帰僑[16]が330人、華人・華僑の家族らが11万2500人で、これらの合計は県人口23万人の43%にあたる。」[17]。

中国残留邦人及びその家族らの日本帰国を機に、方正県では日本との間のネットワークが形成されるようになり、やがて日本人との国際結婚の増加に繋がった。筆者のインタビューでは以下のようなケースがある。第一に、日本帰国した残留孤児や残留婦人の子孫が中国で配偶者を探し、呼び寄せてくるようなケースである。第二に、日本に移住した人々が周りの親戚や友達を日本人との結婚に紹介するケースである。例えば、ある女性は、残留孤児である夫と一緒に日本に帰国移住した後、近所の独身日本人男性二人にそれぞれ中国の親戚の娘たちを紹介したという事例がある。そして、残留孤児三世と結婚して日本に移住し、中国にいる友達三人を日本人との結婚に紹介したというような例もある。第三に、日本に移住した人々の中で、仲介業者として結婚紹介するようになるケースだ。日本に行く人が多くなり、日本の情報が広がるにつれて、異国日本に行くことに対する人々の心理的な障害が減り、日本人との結婚を専門的に紹介する業者も出てくるようになった。日本語学校や航空券売店が林立し、地元の広告紙に日本人男性との国際結婚を募集する広告が掲載されるようになった。

国境を越えるネットワークが形成されると、移住に関わるサービス機関や仲介機関も登場するようになり、それらが移住のコストとリスクを減少させることで、さらなる移住を促進させることになる（Massey 1993）。これは方正県にも当てはまり、国際結婚をはじめとする人の移動に伴い、旅行会社や日本語学校など人の流れをサポートするサービスや機関が続出した（郝 2010：山下ら 2013）。

（方正県の風景、筆者撮影）

日本と中国の間で歴史的な関係性（開拓団、残留邦人）が構築されてきた方正県では、このような関係性が国際結婚を促進させる条件になっていたと考えられる[18]。世界的に見ても、多くの国の移住者はかつての植民地などの支配地域から移動してきた（Castles and Miller 2009：101-103）。それゆえ、中国東北地域から日本への移住者が多いことは、決して驚くべき結果ではないだろう。しかし、方正県を中心とする中国と日本との間の越境移動の場合、よく見られる国際労働移住ではなく、国際結婚移住となっていることが特徴的である。

どうして結婚移住となっているのだろうか。次節で「満洲」に渡った大陸花嫁だったKの事例を紹介し、この原因を考えよう。

1・1・2　大陸花嫁Kの事例

方正県から日本へは紹介型国際結婚移住が特徴的であることの原因を探るためには、どうしてKの事例が必要なのか。それは、Kは残留婦人たちと同じく「満洲」に渡ったが、終戦時に残留するのではなく、日本に引き揚げられ、その後、ブラジルへの移住を経て、再び「デカセギ」移民として日本に帰ったのである。つまり、Kの場合は日本への労働移住につながった。方正県の状況は、親族ネットワークや仲介機関が重要な役割を果たしてきたというところで日系ブラジル人の移住過程（樋口2005）ときわめて類似している。しかし、この二つの移住過程には大きな違いがある。それは、日系ブラジル人の場合は、仲介業者は「就労」を斡旋するが、方正県の場合は、「国際結婚」を斡旋するという点である。そのため、Kの事例は、なぜ方正県から日本へは労働移住でなく国際結婚移住なのかを理解するために重要である。

筆者は2011年4月にブラジルで調査していたとき、クリチーバ市で、日系コミュニティの舞踊グループに参加して踊りにきた91歳の日本人女性Kと出会い、自伝の本を渡された。Kはなんと「満洲」にもブラジルにも移住したことがある。以下で自伝の本に依拠し、日本人女性Kの経験[19]を見ていき、それから残留婦人たちとの違いを分析する。

Kは1920年に大分県で生まれ、23歳の時に、叔母の紹介で、「満鉄」の子会社の社員と結婚した。お互い写真を見ただけで結婚式の日に初めて顔を合わせたという、いわゆる「写真結婚」であり、結婚して二日目には夫と一緒に「満洲」に渡った。夫との間に、娘二人をもうけたが、1945年に日本の敗戦で生活状況が悪化したため、日本に帰国しようと「満洲」内で移動していたが、2ヶ月の間に夫と娘たちを亡くしてしまった。一人でようやく日本に引き揚げられ、27歳の時に日本で再婚した。

1957年に、日本が不況の中、新聞に盛んに取り上げられていた海外移民の募集を目にし、横浜の移民斡旋所に入り、アメリカ丸に乗って、家族でドミニカ共和国に移民した。ドミニカで4年半過ごした後、ブラジルに移り住んだ。その後、長らくブラジルで暮らしていたが、Kは70歳（1990

年）になって、老後は日本で暮らしたいと思うようになった。当時、ブラジルの不況の一方で日本は好景気であり、人手不足で毎日のようにブラジルの日系新聞に求人募集の広告が掲載されていた。そこには旅費の立て替え、準備金の前渡し十万円等と好条件が書かれていたので、１９９１年に家族で日本に帰った。やがて、次女がブラジルで美容院を開きたいと言い、１９９６年にブラジルに戻ることに決めた。夫は76歳の時にブラジルで亡くなった。また、Kは80歳で再び日本に一時帰国し（２０００年）、親族と会って楽しんだが、それ以降はずっとブラジルに住んでいる。

Kは親戚の紹介で写真結婚をして「満洲」に渡った。これは当時珍しくない経験である。中国残留婦人の中にはもちろん大陸花嫁も含まれる（呉 2004）。もし敗戦時にKが中国に留まっていたら、中国残留婦人になっていたであろうが、Kは日本に引き揚げられたので、その後の運命は大きく異なるものになった。

1・1・3　親族の他者化

本節でKと残留婦人たちの経験[20]の違いの分析を通じて、方正県の結婚移住になった理由を分析する。まず、なぜKは中国残留とならずに、日本に引き揚げることができたのか。「日本敗戦後、日本帰国が可能だったのは、軍人の家族、満鉄関係者や敗戦前から都市部に住んでいた一部の生活基盤がしっかりしていた人々、及び極少数の開拓団関係者であった」（呉 2004：29）ことを考えると、それは、Kの結婚相手が「満鉄」の子会社の社員だったからだと考えられる。一方、残留婦人は「農村部の開拓団関係者、経済力が低い都市居住者のなかでとりわけ立場が弱い婦人であった」（呉 2004：31）ので、Kと残留婦人たちとの間には階層の違いがあったと考えられる。

Kは引き揚げた後、日本で再婚し、ブラジル移住などを経て、1991年に家族とともに日本に帰った。同年、それまで厚生省から「自分の意志で中国に残った」と解釈され、長い間帰国の道が大幅に制限されていた中国残留婦人に対して、ようやく残留孤児に適用していた特別身元引受人制度が適用され、帰国しやすくなったのである（呉 2004）。しかし、同じ日本帰国であっても、[21]Kの家族は「日系人」として、日系新聞の求人募集に応募し、「旅費の立て替え、準備金の前渡し十万円等と好条件」で日本に就労に行くことができたが、中国残留婦人の場合は、自分が「日本人」であることの証明に苦しみ、国費で帰国できる制度を待たなければならなかった。

中国残留婦人たちが直面した「日本人」であることを証明する困難は戸籍と国籍の取り扱いによって生じた。Kが日本に引き揚げ、再婚して、再度海外に行ったのは1957年[22]だったので、日本人の夫を持ち、日本戸籍を持っていたはずだ。しかし、残留婦人たちの場合、ほとんどの中国残留邦人が1959年の「未帰還者に関する特別措置法」によって戦時死亡宣告審判確定者とされたために、日本戸籍から除籍されることになった。ここで戸籍を失ったことによって、彼らは後に帰国しようとした時、戸籍の確認上大変難しい立場に置かれることになった（呉 2004：57）。祖国に帰りたい残留婦人は、日本に帰国するためには肉親に身元を引き受けられねばならないという条件が日本政府から課された。肉親の代わりに第三者が身元保証人になる場合であっても、「肉親の承諾」が厳しく要求された。ようやく1991年に特別身元引受人制度が適用され、「肉親の承諾」が帰国の絶対条件ではなくなった。さらに、1994年に、「中国残留邦人等の円滑な帰国の促進及び永住帰国後の自立の援助に関する法律」（略して「中国残留邦人支援法」）が公布され、この中で初めて、残留婦人と残留孤児の存在が戦争の結果によるものであり、したがって「国の責務」として帰国促進と帰国後の自立を支援することとなったのである。

ブラジルに移住した人々は「日系ブラジル人」だと呼ばれるが、「満洲」の場合は通常「中国残留婦人・孤児」、「中国残留邦人」、あるいは「中国帰国者」と呼ばれる。「満洲」の方は、日本との関係が名称からは不明瞭だ。これはなぜだろうか。大きな要因のひとつはジェンダーの差だと考えられる。ブラジルへの移民は、戦前は家族単位で、戦後は家族の他、独身男性も多かった（島田 2009：116）。これに対して、中国に残留したのはほとんどが「女性と子ども」で、多くは中国人の妻、中国人の養子となっている。日本は1985年の父母両系血統主義の国籍法の改正まで父系血統主義であったため、外国人と結婚した日本人女性の子どもが日本人になることはできなかった。したがって、Kと残留婦人のもう一つの大きな違いは、Kはずっと日本の戸籍を持ち続け、日本人の妻であったが、残留婦人は日本の戸籍を失い、中国人男性の妻となり、1985年までには「日本人タルノ分限」（嘉本 2001）を失ったとみなされていた。

日本において、戸籍と国籍が（旧）植民地の人々や国際結婚する人々を排除、または包摂する機能を持つことは指摘されている（嘉本 2001：小熊 1998）ように、方正県に残留した日本人女性や子どもたちは、妻や養子として中国人家庭に入ることによって、日本から見ればもはや親族ではなく、戸籍上の他者となった。そして、中国人の家庭に統合された中国残留婦人や子どもたちの親族は中国人であり、日本から見れば、外国人としての国籍上の他者である。その結果、日本への移住を希望する親族は、ブラジルならみな「日系人」として日本に就労することが可能だが、方正県では日本人との結婚を通じて日本にしか移住できないので、国際結婚を通じての国際移動が戦略になっている。つまり、「親族の他者化」が方正県から日本への国際結婚移住の根本的な理由なのではなかろうか。

以上述べたように、中国残留婦人が中国に残留してしまったことは、日本社会の中の社会階層とジェンダーと関係している。中国残留邦人が一番多い方正県では、戸籍と国籍による二重の他者化により、国際結婚を通じた越境移住が行われているのである。このことは、中国大陸から韓国、台湾への結婚移住においても見られる。

1・2　中国大陸から台湾への結婚移住

台湾においては、図3と図4に示されているように、台湾人男性と中国大陸女性、ベトナム人女性との結婚が多い。とりわけ中国大陸との交流の再開により、中国大陸女性と台湾の男性との結婚が急増した。中国大陸と台湾との間の結婚移住も、越境親族ネットワークと関係している。親族の他者化は中国大陸と台湾の間の関係によるものである。

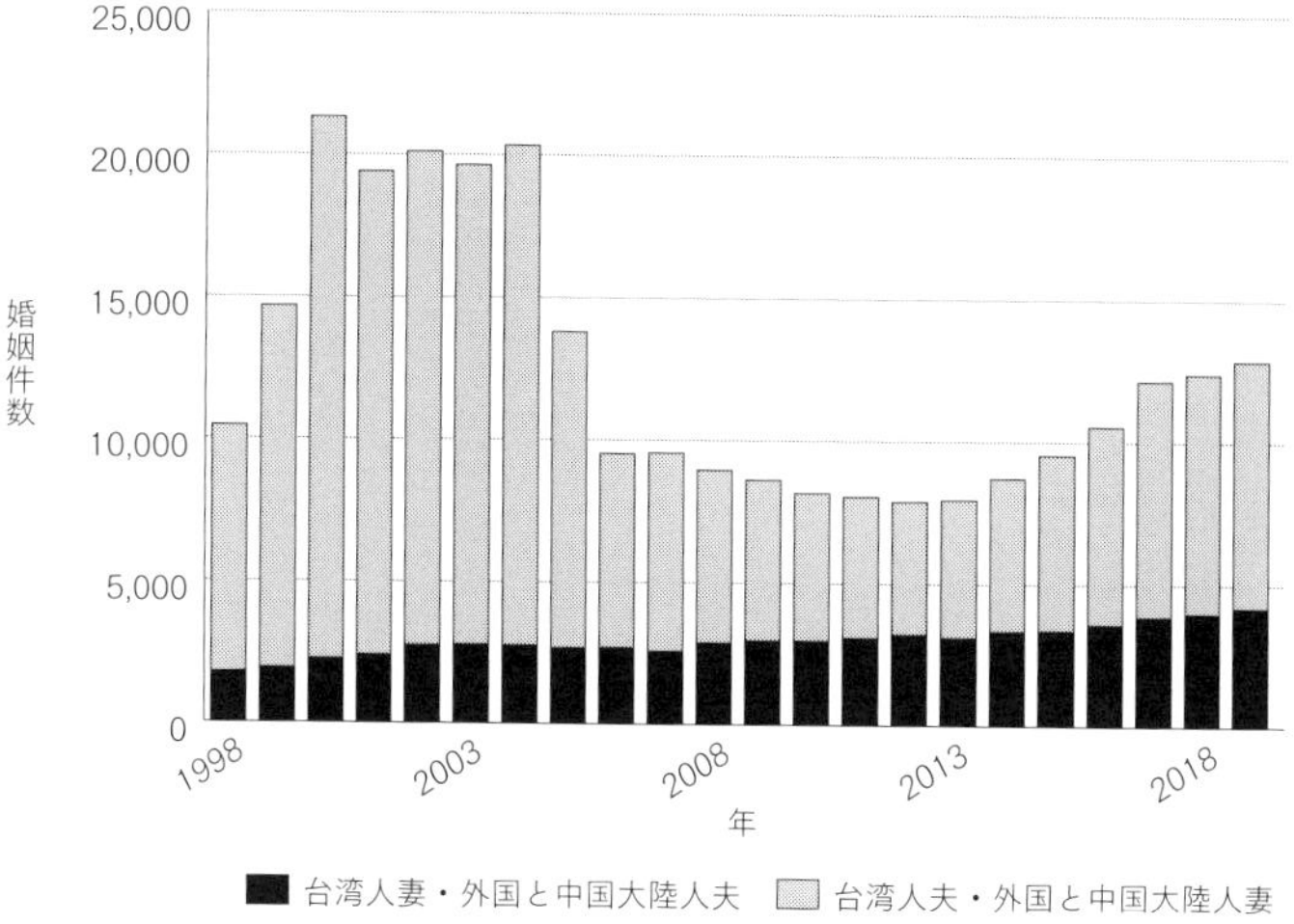

図3：台湾における越境結婚件数の推移（内政部統計月報）

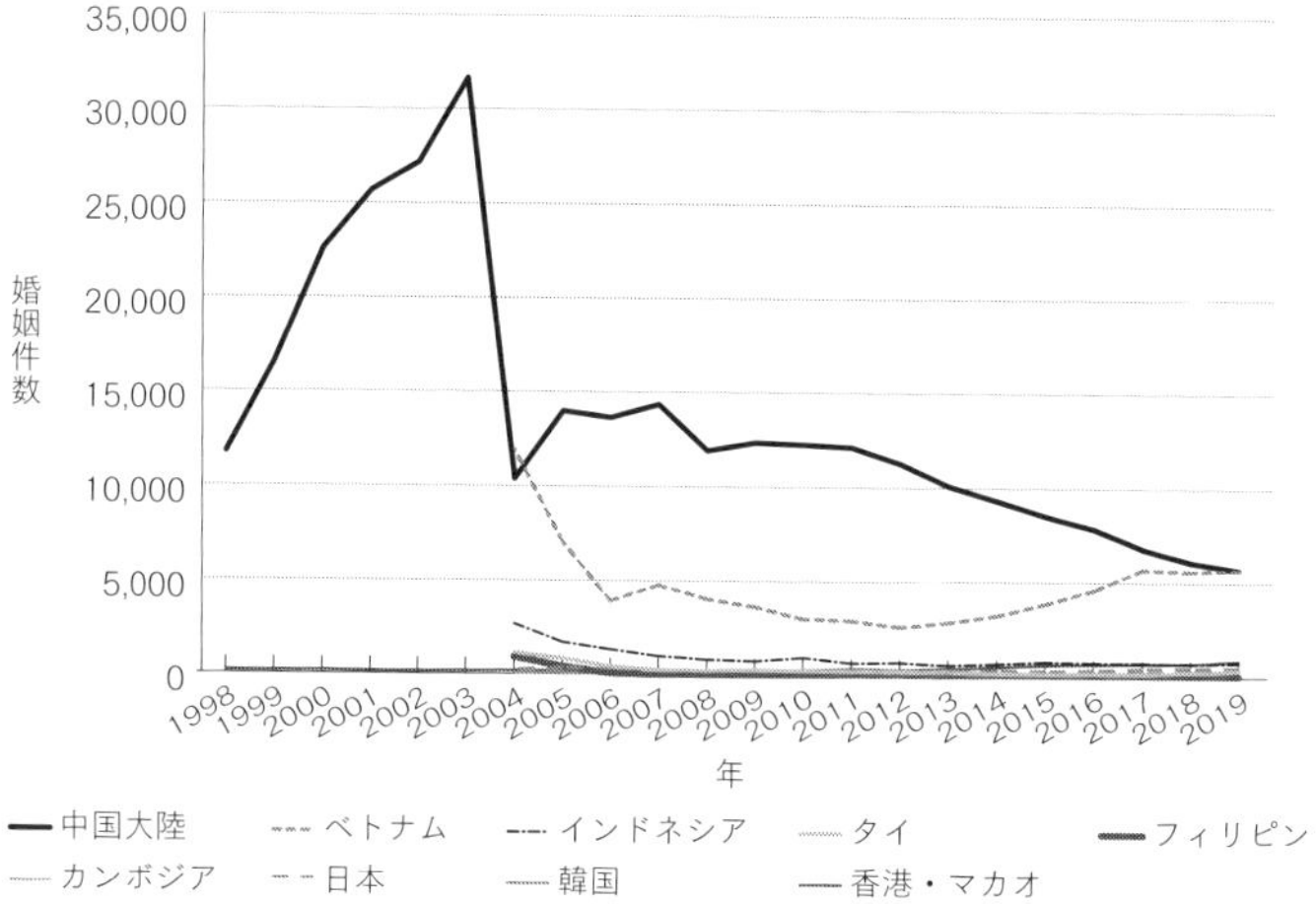

図4：台湾における外国・大陸人妻数推移（内政部統計月報）

台湾にはおよそ60万人の中国大陸出身の軍人たちがおり、栄誉国民（略称「栄民」）と呼ばれる。[23]中国大陸と台湾との間は、戦後長い間の断絶を経て、1987年にようやく親戚訪問が可能になった。1989年3月に、台湾籍国民党軍人の中国大陸に残留した配偶者およびその未成年子女が台湾に移住することも許され、1990年に中国大陸に残留した国民党軍人およびその配偶者と未成年子女、また、中国大陸に残留した台湾籍人民およびその配偶者と未成年子女も台湾に移住することが許された。これに伴い、台湾で独身のまま、あるいは再婚しなかった栄民たちも大陸里帰りの間に親戚の紹介などにより大陸の故郷の人と結婚することが増えた（趙 2008）。

栄民たちだけではなく、台湾に一番近い平潭県も親戚訪問をきっかけに、人の移住が行われるようになった。平潭県は中国大陸の中で台湾に一番近い地域である。この県と台湾の間にも親族ネットワークが存在する。このネットワークは以下の二つの要因で形成された。一つは、日中戦争後に船で台湾へ渡って仕事を見つけ、生活するようになった県人がいたことである。もう一つは、中国国民党と共産党の内戦時に、敗北した国民党が平潭県から台湾に撤退し、その際に平潭県の若年男子を兵士として連行したことである。その後、1987年に台湾で大陸出身の元軍人たちの里帰りが許され、これらの人々はようやく帰省できるようになり、大陸の親戚も「親戚訪問」[24]によって台湾に行くことができるようになった。1981年~2009年の間に平潭県に帰省した台湾人は2956人、平潭県から「親戚訪問」で台湾に行った人は12466人である（黄・李 2011：39）。こうした経緯から、平潭県では中国大陸と台湾の両方にネットワークを持つ人の中から仲介業を始める人が現れるようになった。当初は密航も仲介していたが、管理が厳しくなるにつれて、当初多かった密航が減り、結婚が主な越境手段となった（趙 2007：151）。

このように、台湾と中国大陸との間の結婚移住も越境親族ネットワークから発展した移動である。越境ネットワークの両側は親族だけど、台湾と中国大陸の間には戸籍の違いがあり、「他者」となって、行き来が決して自由ではない。そのような中、結婚移住が増加したのである。

１・３　中国から韓国への結婚移住

韓国において、１９９２年に中国と韓国は国交樹立し、交流が復活するとともに、農村花嫁不足解消を狙って、韓国の一部の地方政府が主導して中国朝鮮族花嫁を迎えた（嘉本 2008：113：Freeman 2005）。それから外国人女性結婚移住者が急増した。図５と図６で示されているように、日本と台湾と同じで中国人女性との結婚が一番多い。

中国から韓国への結婚移住も越境親族間のネットワークに関係している。戦後中国に残っていた１０万人の朝鮮人は、中華人民共和国成立後、中国の政策によって、中国国籍を持つ中国朝鮮族になった。１９５２年９月に朝鮮人が集住していた地域で延辺朝鮮族自治区[25]や長白朝鮮族自治県などが成立し、民族自治が行われてきた。その一環として民族教育が行われ、民族学校に通えば朝鮮語を勉強できるようになった。

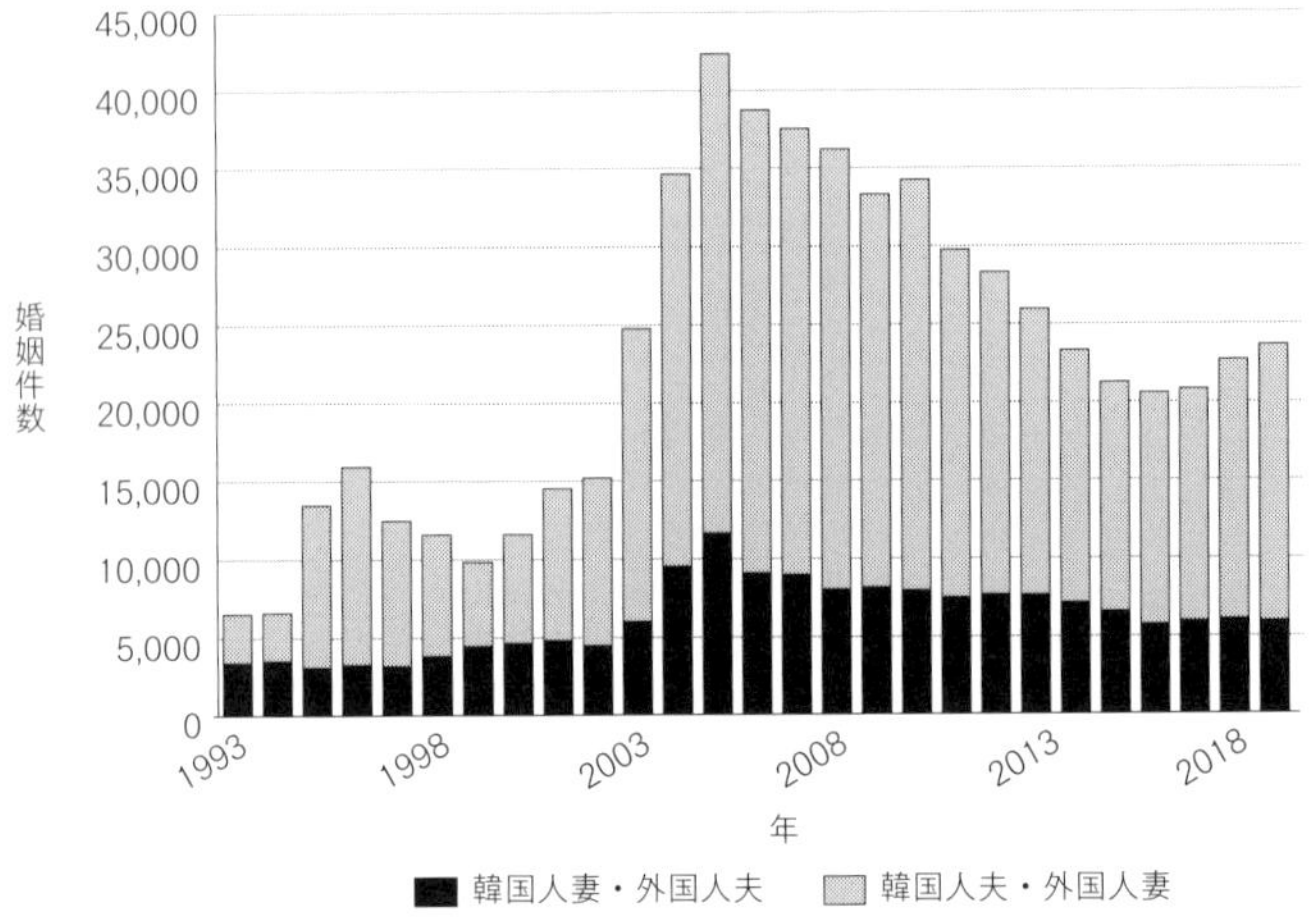

図5：韓国における国際結婚件数の推移（Korean Statistical Information Service）

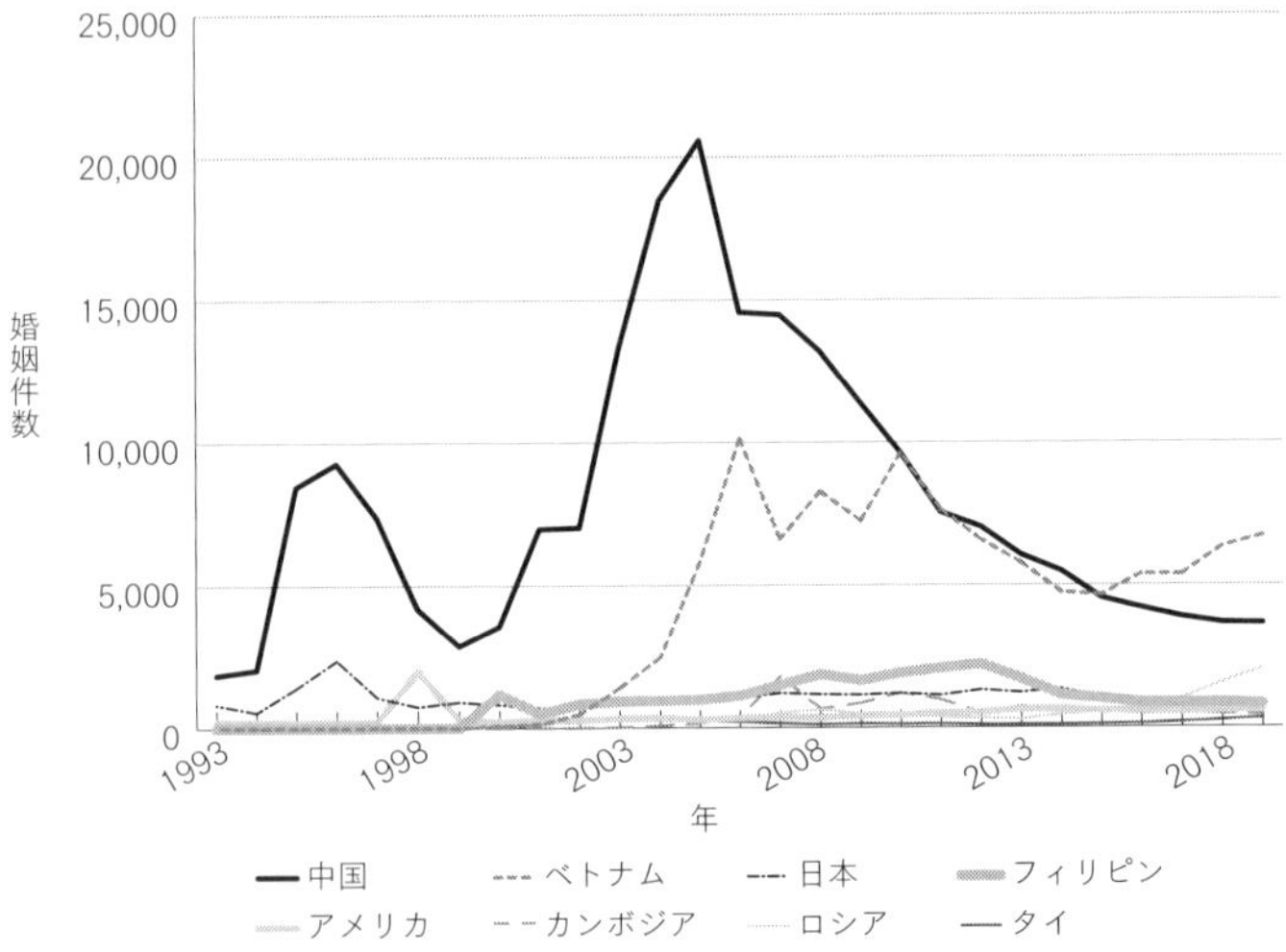

図6：韓国における国籍別外国人妻数推移（Korean Statistical Information Service）

１９７８年に朝鮮族の韓国短期親戚訪問あるいは永住が中国政府に許され、１９８４年に韓国政府は親戚訪問の来訪者に６ヶ月の在留を認める旅行証明書を発給するようになった。１９８６年には韓国赤十字社の招請による中国朝鮮族初の韓国訪問団が組織された。また、１９８８年のソウル・オリンピック大会に当時国交のなかった中国が参加したのを契機に両国関係が強化された。１９９２年に中韓の国交樹立に伴う両国間の交流がさらに促進された。それとともに国際結婚も増加した。

中国人女性と韓国人男性との結婚件数は、１９９２年の４２９件から１９９３年に１８５１件、１９９４年には２０４３件となった。この時期は、農村花嫁不足解消を狙って、１９９２年から韓国の一部の地方政府が主導して朝鮮族花嫁を迎えたことに起因すると考えられる（Freeman 2005）。また、朝鮮族が労働者として韓国に入国した場合の悪条件とは対照的に、１９９７年までは父系系統主義に基づき、韓国人男性と結婚した女性は入国して２週間以内に韓国国籍を取得できた（国籍法第３条１号）[26]。このような条件で、韓国人男性との結婚は安定した在留身分の取得につながり、重要な移住の形となった。

１・４　「親族の他者化」による東アジア間の国際結婚の形成

これらの東アジア間の国際移動と結婚の歴史と現状を見ると、結婚移住が連鎖的に起きていることが明らかになった。日本が送り出し側から受け入れ側になり、その後、韓国と台湾が送り出し側から

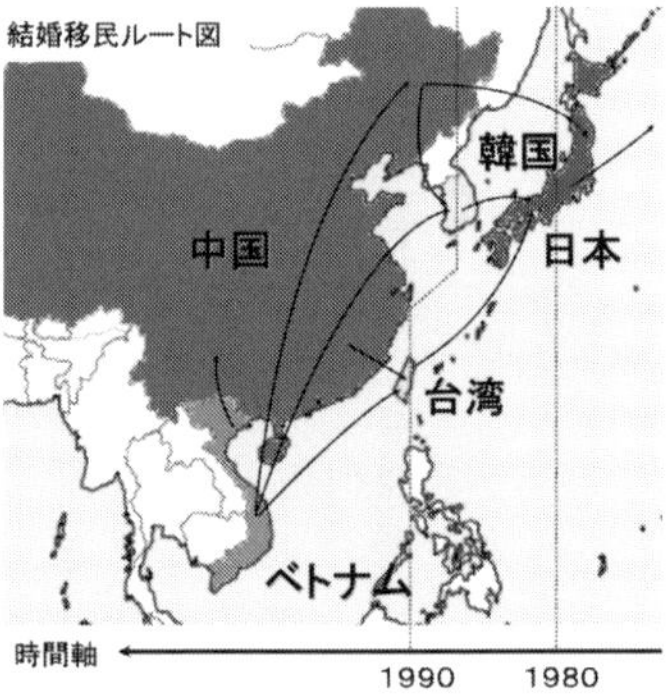

図7：東アジアにおける国際移動と結婚移住の連鎖

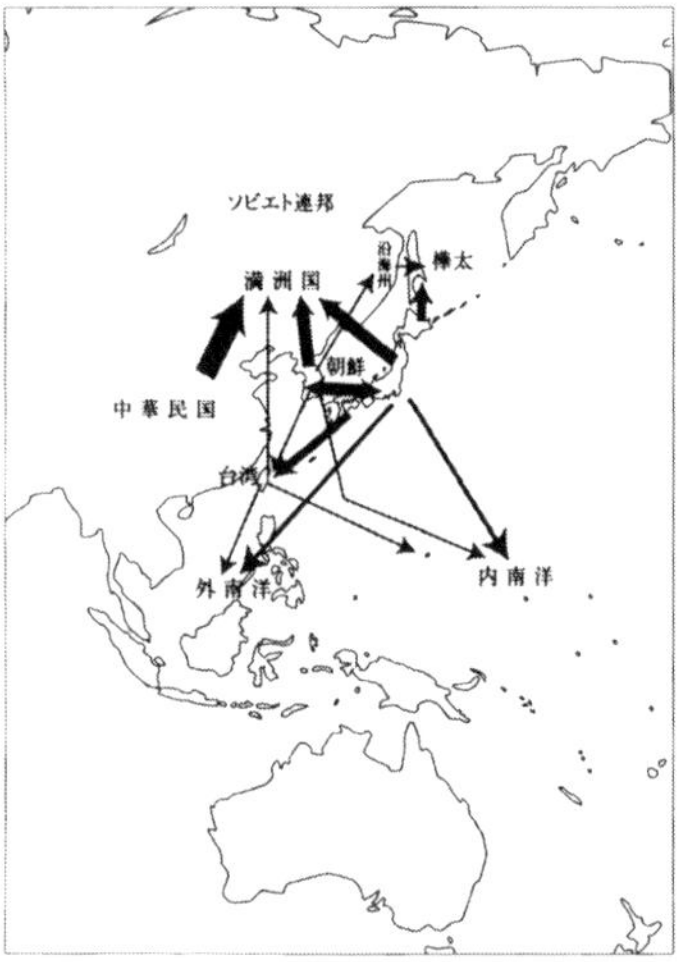

図8：日本帝国の形成と人口移動の主動向（『日本帝国をめぐる人の国際移動の国際社会学』地図ivより引用）

受け入れ側になった。このような連鎖を図示したものが図7である。これを東アジア間の人の移動が一番盛んだった日本帝国時期の人の移動の図8と比較すると、結婚移住者の動きは日本帝国期の逆方向の移動になっていることが明確になった。

　結婚移住の流れができたのは、越境する人間関係のネットワークが存在しているからである。このネットワークは血縁・地縁によって形成されてきた。例えば日本と中国の場合、中国残留孤児・婦人およびその家族の日本帰国によって、方正県に残された彼らの親族との間に越境する家族圏ができたと言えよう。また、韓国と中国の間は、主として中国朝鮮族との間に離散家族の連絡が復活したことによる越境家族圏が形成された。中国大陸と台湾の間は栄民とその親族の間の越境家族圏、福建省平潭県のような地縁からできた越境家族圏が存在している。

越境家族圏内には情報の伝達、相互扶助などが行われると考えられる。そして、この家族圏は通婚圏にもなりうる。日本に帰国した残留孤児二世たちが帰郷して結婚相手を見つけることや、栄民たちが中国大陸への里帰り時に結婚相手を紹介してもらうこと、韓国農村の男性が朝鮮族女性を紹介してもらうことも、越境ネットワークを介して通婚圏を広める結婚戦略であろう。それから仲介機関も形成され、さらなる結婚移住が促進された。

東アジアの各国間の結婚移住は、越境家族圏が存在しているにもかかわらず、「親族の他者化」が起きていることが大きな要因である。東アジア国は、日本帝国の縮小と冷戦の影響で、国境線が引き直されたので、国境を越えた親族は、戸籍と国籍上の他者となっている。また、国境を越えた労働移住に関しては各国や地域が主にゲストワーカー政策がとられており、労働移住が永住にはつながりにくい状況となっている。このような制度の中で、結婚による移住が人々の越境移動の戦略となった。そのため、婚姻を媒介とした国際移住は、「東アジア」という特定の政治経済状況と歴史的文脈を持つ地域に特徴的な国際移動の形態となっていると考えられる。

紹介型国際結婚を介する移住の連鎖は、国際結婚した夫婦がさらに親族や友人に国際結婚の紹介をし、場合によってはそこに留学生や研修生、旅行会社も取りこまれていくことで、紹介型国際結婚が一つの「産業」になっていく。次章から、国際結婚当事者でありながら仲介業者でもある調査対象の語りから、紹介型国際結婚の具体的な発展を見ていく。

第二章　紹介型国際結婚の産業としての発展

玲の結婚を紹介した仲介業者自身も国際結婚をしている。仲介業者による日中紹介型国際結婚の仲介プロセスは、仲介業者のウェブサイトの情報と筆者の調査結果によれば、およそ以下の２つのタイプに分類することができる。

タイプ１：日本人男性が日本の結婚紹介所で、中国人女性の候補者（複数）を写真で選択した後、中国にお見合いに行く。お見合いを通して日本人男性が一人の中国人女性を選び、選ばれた女性も結婚に同意すれば婚約にいたる。[27] 日本人男性は、相手が決まり次第すぐか、いったん日本に帰った後に再度訪中して結婚式を挙げる。

タイプ２：日本人男性が日本の結婚紹介所でテレビ電話（インターネット上）を通して中国人女性たちとお見合いをする。お互いのことを気に入り、結婚の意思確認ができれば、その女性と実際に会って結婚するため訪中する。

この２タイプとも、挙式後に日本人男性は先に日本に戻り、中国人女性はビザを取得して日本に渡り、それから日本人男性と一緒に暮らし始めるという点で共通している。以上のような結婚の流れを見ればわかるように、どちらのタイプもほとんど1回会うだけで結婚が決まる。しかも、そうして初めて対面した時ですら、互いに言葉が通じない場合がほとんどである。

仲介業者は、お見合いだけでなく、その間の通訳、挙式、中国人女性の日本語の勉強、場合によっては結婚後の通訳や夫婦間のトラブルの相談も引き受ける。費用は日本人男性側がおよそ100~300万円程度、中国人女性側は無料のものから200万円程度までである。

では、仲介業者たちは、どういう紹介プロセスで、どのような男性と女性たちを仲介しているのか。紹介型国際結婚の実態はどのようなものなのか。本章では、玲の結婚を紹介した仲介業者のような、日中間の紹介型国際結婚の既婚者でありながら仲介業者でもある調査対象の語りを通じて、紹介型国際結婚の具体像を提示する。

2・1　日中間の国際結婚を紹介する民間業者

国際結婚の紹介は、男性会員と女性会員の両方の募集が必要で、国境を越えて両国にネットワークを持つことが不可欠である。そのため、両国に親族を持つ国際結婚夫婦による紹介が多い（Ishikawa 2010）。また、男性側と女性側で会員の募集方式が異なる。国際結婚紹介会社は男性側会員をインターネットあるいは仲人連盟などを通じて地域を問わずに募集しているが、女性会員は地域を限定した

表1　民間業者のプロフィール

仲介会社	インタビュー対象者[28]
A社	A夫：60代・日本人男性 A妻：40代・中国人女性 A妻の母親：70代・中国人女性
B社	B妻：40代・中国人女性 B妻の弟：中国現地責任者・40代・中国人男性 日本本社中国人スタッフM：40代・中国人女性・日本留学経験があり、夫が日本人男性 中国現地通訳スタッフT：40代・中国人女性・研修生の経験あり 中国現地日本人スタッフU：40代・日本人女性・中国留学経験あり、夫が中国人男性（日本留学経験あり）
C社	責任者C：30代・中国在住の日本人男性（妻が中国人）・中国留学経験あり
D夫婦	D夫：50代・日本人男性 D妻：30代・中国人女性

募集となっている（郝 2010）。前章で述べたように、日中間の国際結婚の場合、女性が中国東北地域から来ていることが多い。そこで、筆者は日本人男性と中国東北地域出身の女性の結婚を紹介する民間業者に対してインタビュー調査を行ってきた。

調査対象は、国際結婚紹介所の主要な責任者で、国際結婚当事者とその家族である。調査方法としては、半構造化インタビューを用いた。主な質問内容は、（1）自身の国際結婚の経緯、（2）国際結婚紹介業を始めた経緯、（3）男性会員及び女性会員の状況、（4）国際結婚に対する考えである。本節で紹介する業者の基本情報は表1の通りである。

以下、次節から仲介業者の語りから紹介型国際結婚の全体状況について見ていく。

2・2　民間業者の語り

2・2・1　仲介業者C：「日本男性は彼女や彼女の家族の将来を考えている」

〈仲介業をするきっかけ〉

Cは20代の時に、中国で三年間留学した。卒業して中国で就職した後、フィリピンでの英語留学を経て、香港で仕事をしていた。五年後に独立して会社を作り、貿易業やレストラン経営もしたが、最終的に「国際結婚のサポート」を仕事にすることを決めた。そのように決心した理由としては、「香港で仕事する時に、まわりは中国人が90％で、中国人と日本人が結婚しているケースも多く、自分も将来そうなるかもしれない」と思ったことと、仕事につながるのではないかと考えたことからである。最初は、北京など中国の他地域でも国際結婚紹介の仕事を始めようとしたが、女性が集まらなかった。「日本人男性に対する要求が高く、なかなかマッチングが難しかった」。そんな中、中国東北部では応募する女性が多いと聞き、営業活動を始めた。「名刺を持って、あたりをまわったら、結構応募する人が多かった」ので、住むようになり、仲介業の拠点となった。またC自身も、国際結婚の仕事をしながら現地の女性と結婚した。

〈会員状況〉

Cが国際結婚紹介で募集する女性は、「だいたい中卒で、四、五年間働いて、その後結婚を考える20歳から23歳までの女性」である。このような女性は「世間知らずで、（結婚相手に対しての）要求が高くなく、男性にとって扱いやすいから」だという。また、「ここは農村で、男尊女卑の考え方や、男性が女性に暴力を振るうこともしばしばある。それに比べて、日本や日本人の方がいい」。しかし、この頃「女性の募集が難しくなってきた」。２０００年代始めに来たばかりの頃は、「名刺を持って、いろんな家を回って、直接募集したが、今はおばさんたちから女性の情報をもらっている[29]」。そして、「（女性の）進学率が高くなって、都市部の大学に行くようになり、大学で好きな人ができたりすると、わざわざ地元で探す必要がなくなった」。一方、男性は28歳から44歳まで募集する。日本人男性が中国人女性と結婚する理由は「中国人女性の要求が低い」からだ。

Cはこれまでに52組を成婚させた実績から、国際結婚がうまくいくための秘訣として、「男性のやさしさが一番大事で、それから経済力」だと挙げた。なお、婚約後に男性は、中国語を習うことがルールとなっている。「男性のやさしさ」とは、具体的に言えば「コミュニケーションが上手」であることだが、「ここに来る多くの男性は口下手で（女性とうまくコミュニケーションをとることができず、女性と良い関係を構築することが）難しいことがある」という。

〈Cの考える女性の結婚理由〉

Cは自分自身の経験を例に挙げながら、なぜ中国の女性が日本の男性と結婚するのかについて考えを語った。

Cは毎月妻に1000元[30]を渡し（毎週200元で、従業員に給料を渡す時にまた妻にも200元を渡す）、妻の口座に500元を預ける。子どもは一人おり、主に妻の両親が世話をしている。妻の両親には、毎月500元をそれぞれ渡しているほか、子どもが生まれる直前には25万元の家を購入して贈った。

また、妻には中卒後ウェイターをしていた弟が一人いるが、Cの説得で省都にある美容師養成の学校に通うようになった。「（妻の弟は）学歴は持っていないものの、将来、美容師なら技術さえあればなんとかなる」とCは考えたからだ。妻の弟には毎月800元の生活費、毎年4000元の学費を払ってきた。弟は卒業してから、美容師として働いている。弟の給料は当初300元だったが、今は800元に増えた。C曰く「ここで男性が結婚するには10万から20万元ぐらいかかる。でも素晴らしい男性なら、0元でも結婚できる。彼（妻の弟）はかっこいい、でもそれだけではやはり足りない。いまは（美容師としての）技術もあって、女性がいるところで働いて、たぶんそれなりに（結婚の）チャンスがある」。

Cは、自分自身を例に、中国の女性が日本人と結婚する理由とは、「保証がある。男性は彼女や彼女の家族の将来を考えている」からだと説明した。

2・2・2 仲介業者D夫婦：「国際結婚紹介の仕事は簡単ではない」

D夫

〈D夫が国際結婚をしたきっかけ〉

日本人男性Dは、両親が写真館を経営し、子どもの頃は豊かな暮らしだった。大学では毛沢東思想に惹かれて革命運動をやっていたが、活動仲間たちの行動に疑問を感じ、大学三年生のときに、活動をやめると同時に大学も中退した。「日本では異端児で、親との仲が悪く、きょうだいの中でも一番変わっていた」。それから、二、三年間は何もしなかった。その後、親の仕事の手伝いと、別の写真関係の会社への就職を経て、27歳の時に独立して写真館を経営した。結婚は26歳の時にしており、「三人の子どもを育てるのに一生懸命だった」。

そのうち、写真がデジタルに変わり仕事がなくなると、生活が苦しくなり、妻に離婚された。一年間一人暮らしをし、「やっぱりさびしいから、日本人と再婚しようとした」が、「なかなか結婚したい相手が見つからなかった」。そのあと、偶然に国際結婚紹介のサイトで、たまたま今の23歳年下の妻の写真を見て気に入り、メールや手紙のやりとりを始めた。しかし、後になって初めて、連絡相手は本人ではなく、業者が間に入っていることがわかった。それでも、結婚を決断した。結婚を決めた理由は、「容姿だった」という。費用は120万円[31]だった。

結婚のために、四日間ほど中国に滞在した。妻の方正県の実家に行き、初めて会った日に結婚した。「想像通りで、間違いなかったと思った。貧しい農村だから、幸せにしてあげないといけないと。何かの縁だから、僕と結婚してよかったと思えるようにしてあげたいと思った。後で周りの人たちから『結婚しても逃げられる』とか、借金とかの話を聞かされたけれど、(彼女と)結婚する時は、ただ信じていた」。結婚後、妻の方も借金して約100万円を仲介業者に支払っていたことがわかった。妻も働きだし、一緒に返済した。

〈会員状況〉

D夫は2006年にD妻と結婚して、妻との日常生活をブログに書いた。その結果、同様の国際結婚を希望する日本人の男性から「紹介して欲しい」という問い合わせが度々来るようになり、2007年から妻と一緒に仲介を始めた。仲介料金は、日本人男性の了解の上で、男性側だけでなく中国人女性からも4万元の手数料を取り、2010年までに7組の結婚を仲介した。

D夫のところの男性会員は、「仕事が忙しいから、女性と付き合う時間がなくて、女性に縁がなかった人」だ。その中には、「面接時に処女かと聞いた人や、一番貧しい女性を探してくれと要求する男性もいた」が、（収入のため）そういう客を断ることができなかったことが悔しいという。

〈将来〉

D夫は、日本人前妻との間に子どもが3人いるが、「親子の関係が冷たくて、会いに来てくれないので寂しい」という。そして、中国人女性と結婚したのは、将来年金で暮らす時に、中国で暮らしたいという理由もあった。D夫は「今は一生懸命仕事をして、お金を貯めておく。将来仕事をしなくなった時に、中国に住んで、貯金と年金と国際結婚紹介を年に一回二回すれば、もうほかに何もしなくてもいいから、自分のやりたいことをやって過ごせばいい。それが今のところの夢だ」と話した。

その後、D夫は2011年に結局D妻と離婚した。しかし将来はやはり中国に住みたいという希望があり、2012年に中国人女性と再々婚した。その妻も借金をして日本に来て、返済するためにすぐ働き始めた。

D妻

〈D妻が国際結婚をした経緯〉

D妻は2006年、34歳の時に再婚で来日した。初婚は中国人夫の浮気のため離婚となり、子ども（一人）の親権を取った。D妻の出身地はもともと国際結婚が多い中国東北部の方正県で、仲介業者を通じて、日本人男性Dと三ヶ月ほどメールのやりとりを経て、結婚した。「私からのメールも、彼からのメールも全部仲介業者を介して連絡していた。そうすると、もちろん、仲介業者はいいことを伝えるけど、悪いことは伝えてくれないから、二人だけで連絡できないし、そうすると全部仲介業者の言う通りになるよ。その時自宅にパソコンがなかったから、毎日自転車でネットカフェに行ってメールを送っていた」。

挙式してからビザ手続きなどで四ヶ月を経て、来日した。結婚のために、D妻は7万元（およそ100万円相当）の仲介手数料を借金して仲介業者に支払った。結婚のための女性側の費用に関して、「女性が未婚で若ければ若いほど費用が安いが、再婚の女性だと、たいてい6万元から8万元の費用がかかる。日本語学校で、ある女性は11万元を払ったと聞いたけど、相手の男性は年収1000万円で、条件がいいから、高く払ってもいいって」と語った。

〈日本在住の親戚〉

D妻の父側の姻族に一人の残留婦人がおり、その一家が日本に帰国したことで日本のことを聞いているが、日本に関する具体的な情報交換相手は日本人男性と結婚して日本に在住しているD妻の前夫の姉妹二人である。

その姉妹のうちの一人は、子どもが3歳の時に夫が亡くなり、45歳で66歳の日本人男性と再婚していたが、たった20日間ほどで離婚してしまい、中国に帰った。D妻によると、離婚した理由は、相手の日本人男性から毎日暴言を浴びせられたことだという。結婚するために、仲介業者に6万5000元の手数料を払ったため、中国での月1500元[32]の年金では返済が難しいかもしれないとD妻が心配して、日本で再婚することを彼女に勧めたが、彼女は日本で再婚せずに、中国に帰国することを決めた。

姉妹のもう一人は、前夫の浮気が理由で離婚した後、東京在住の60歳の日本人男性と再婚した。16人の女性とお見合いした結果、最終的に彼女が選ばれたそうだ。

そして、D妻の従姉妹の一人は、23歳で35歳の日本人男性と結婚して東京に在住している。この従姉妹には日本で永住ビザを取得している親族らがいる。D妻は仕事が見つからなかった時に、この東京の従姉妹を頼りに、日本人夫と呼び寄せてきた子どもと一緒に東京に引っ越した。

〈結婚紹介〉

夫がブログを書いており、そこに何人かの日本人男性から「中国人女性を紹介してくれないか」と問い合わせが来たので、夫とともに紹介している。問い合わせに来たある日本人男性は未婚の60代で、42、3歳の女性を紹介しても意向にあわず、「30歳ぐらいの女性を紹介して欲しい」と言ってくる。しかし、D妻にはこうした要求はまったく理解ができず、「この仕事は簡単ではない」と考えている。

2・2・3　仲介業者A家族：「女性はいつも選択の余地がなく、なぜこんなにも不公平なのか」

A夫

〈A夫が国際結婚したきっかけ〉

A夫は大手企業の営業マンとして36年間勤務して、定年退職した。初婚は職場結婚で、子ども3人をもうけたが、24年目に離婚した。兄の妻が台湾人であったことから、その関係で中国人女性（A妻）を紹介され、お見合いをした後、1998年に再婚した。結婚した当時、A妻は日本人と結婚した妹の出産の手伝いで日本に滞在中だった。

〈国際結婚紹介〉

A妻は、日本に結婚移住して5年後、病院でのアルバイトや中国語教室の教師などをするようになった。そうしたなか、国際結婚の紹介を始めた。

最初のきっかけは、「日本人の知り合いができて、中国人女性を紹介してくれないかと頼まれるようになり、結婚の紹介をした」。「中国での結婚式やホテルなどが実費で、そのほかに20万円をいただくようになり、一年くらい経ったら、お客がたくさん来るようになった」。そして、税金のことを行政側に尋ねたところ、「会社を立ち上げ、売り上げとして税金もちゃんと払って」と言われたので、その後、正式に会社を立ち上げた。

斡旋業務の基本的な進め方としては、日本側でインターネットを通じて男性会員を募集する。「男性側の収入はもちろん、離婚回数の多さ、とりわけ外国人女性との離婚回数がどれほどあるかという点には気をつけており、状況によっては紹介を断る場合もある」という。そして、中国在住のA妻の母が、女性会員の募集や面接、実家の状況の確認を担当している。

A妻

〈国際結婚するきっかけ〉

A妻は、中国の東北部で生まれ育った。母親は小学校の教師で、父親は自動車関係会社のエンジニアをしていた。A妻は、大学で経営管理を専攻し、卒業後は市政府の公務員になった。就職して数年後、同僚の紹介で知り合った相手と結婚した。結婚して10年間あまりでお互いの気持ちが離れてしまい、「平和的」に別れることになった。離婚したときは34歳だったが、周囲を見渡してみると、「同年代(30代)の男性はほとんど結婚して家庭を持っており、独身の30代男性はほとんどいなかった。友達も同僚もみな結婚して、子持ちだった」ので、再婚相手がいなかった。

A妻の妹は日本人と結婚しており、その出産手伝いのために一時期日本に滞在した。日本の自然環境の美しさに惹かれて、日本のことがとても好きになり、「日本人との結婚は一つの冒険だが、もし自分も日本で好きな結婚相手が見つかれば、人生最高だ」と思うようになったという。こうしたなか、A妻は妹から、「台湾人の友達の義弟」（A夫）を紹介された。「私はもう30代で、20代の自分より考えが成熟していると思う。女性の勘で、彼は信頼できる結婚相手だと信じて」、A夫と結婚した。

〈日本在住の親戚〉

A妻の妹も、日本人男性と結婚しており、山形県に在住している。彼女は、中国で離婚した経験があり、日本人と結婚した友達に、日本人男性を紹介してもらい、結婚して日本に移住した。嫁ぎ先は、「山形県の嫁が来ない村だ」。その地域では、「外国人妻が何人もいて、その中で、いじめにあって自殺するケースもあったので、地域の教育委員会が新しく日本に来た中国人女性に、日本語教師や病気の時の通訳をつけるようになったので」、中国の短大卒であったA妻の妹は、そこで「日本語教師や通訳」を担当していた。

〈会員の結婚理由〉

A妻曰く、日本人男性会員は、「たいてい若いときに仕事に没頭して、相手に安定した家庭環境を提供できるようになってから初めて結婚相手を探す」という。しかし、その頃には本人はすでに40代になっており、家族が欲しいものの「同世代の女性はみな結婚」していて、独身の人が少ない。そこで、40代をパートナーとして探すのをあきらめて、20代、30代の女性を結婚の対象として見るのだが、A妻曰く、「20代の日本人女性は、40代の日本人男性と結婚しない」という。しかし、国際結婚の場合、中国人の女性は、配偶者の男性に対して「経済力が安定していて、将来の生活が安定するのであれば、歳とかあまり気にしない」ので、結婚できるという。

A妻の母

〈国際結婚紹介のきっかけ〉

A妻の母曰く、「娘が日本人と結婚して、婿がこの事業を始めた」。娘はこの仕事が「面倒くさく、あまりやりたくなかった」が、「婿と私が同じ意見」だったため、最終的には結婚紹介業をやり始めることになった。日本人男性はおもにインターネットを通じて募集してくるのに対して、中国人女性は、A事務所が出している新聞広告や、知り合い同士の口コミを通じて募集している。

〈女性会員〉

A妻の母によると、応募に来た女性は20代、30代の女性が中心で、まれに大卒と大学院卒もいるが、ほとんどは専門学校や短期大学卒だ。「恋愛での失敗経験、あるいは離婚経験を持つ女性が大半だ」

という。他にも、「中国で少し才能があるけれど、なかなかいい仕事が見つからなくて、外国でもっといいチャンスを探したい人」や、「前の結婚が失敗で夫に浮気されて、ここから離れたい」というような再婚の人は、外国人との結婚を希望する傾向にある、という。

日本人との結婚に対して、「女性の家族は概ね20％が賛成で、80％が反対だ」と、家族が反対する場合が多い。反対理由は主に「相手男性の外見や年齢の問題、あるいは娘を遠いところに行かせたくない」などが挙げられた。

〈男性会員〉

男性会員は「サラリーマンが多く、一名を除くと全員40歳以上で、未婚と再婚両方いる」が、「ほとんどは女性に対して（未婚、年齢、外見などの）要求が高く、最近は女性の実家の親の年金を含めた経済的な条件なども聞く男性が増えてきた」という。そして、国際結婚夫婦の歳の開きは大きく、国際結婚所が成立して4年で40組ほど紹介した中で、「歳の差が一番小さいカップルは12歳の差だった」。

ある56歳の男性はちょっと金持ちで、25歳以下の子としかお見合いしないと言っていた。お金があるから、どんな女の子でも選べるというような感じだ。それを見ると、いやになるよ。なんで男性は歳をとっても自分よりかなり若い女の子との結婚が可能なのに、女性は歳をとったら、若い男性との（結婚は）あまりできない。女性はいつも選択の余地がなく選ばれるほうになってしまう。なぜこんなにも不公平なのか。

A妻の母は、この例を挙げながら、中国人女性として国際結婚を紹介する時の葛藤を語った。

2・2・4 仲介会社B：「国際結婚は男性側のコミュニケーション能力が大切だ」

会社Bは日本にオフィスを持ち、B夫が会長で、B妻が社長となり、日本人と中国人スタッフがそれぞれ一人いる。また、中国にはB妻の弟、写真撮影スタッフ、通訳スタッフ、近隣地域の責任者、日本人スタッフがおり、日本人男性との結婚希望者の募集のほか、お見合いや結婚式の際の業務に当たる。インタビューは、B妻、日本にいる中国人スタッフ、B妻の弟、通訳スタッフ、中国にいる日本人スタッフに対して行った。

B妻

〈国際結婚した経緯〉

B妻は、初恋の恋人と一緒に大都市に行こうとしたが、父親に反対されて、行くことができず、別れた。失恋の後、結婚を前提に同じ会社の同僚と何年間も付き合った。しかし、性格が合わないことがわかり、別れようとしたら、同僚のほうが別れたくないために、毎日付きまとうようになり、「とても怖かった」という。その時に、日本人の夫と出会い、結婚して日本に移住した。

Ｂ夫は旧「満洲」の時に、中国のＢ妻の出身地で生まれ、13歳まで滞在した。１９９０年代にＢ夫が中国との商売をして、生まれ故郷を訪ねた時に、二人は出会った。その後、中国国内のさまざまな地域を旅行して、結婚を決めた。「中国で結婚登録する時に初めて、夫が再婚でもう60歳だということを知った。自分は当時24歳だったよ。結婚後に家族に知らせたが、やっぱり強く反対された」という。でもＢ妻は、夫と日本に移住することを決心した。

日本でのＢ妻は、最初の３年間はほとんど家にいるばかりだったが、その後、日本語学校に通い、大学にも進学した。アルバイトを経て、夫とともに国際結婚の事業を開始し、社長になった（夫が会長）。夫の別の事業が大変な時期も「一緒に乗り越えてきた」という。Ｂ妻曰く、「かつての恋愛経験で、もう男性のことを信じられなくなっていたので、今の夫が与えてくれる安心感と、ほど良い距離感は、他の男性からはもらえないと思う」という。

Ｂ妻曰く、「国際結婚は男性側のコミュニケーション能力が大切だ。やさしくて、女性に対してたくさんお金を使う人であっても、話が上手でなければ、女性は（男性のことを）好きにならず、うまくいかない」という。

日本にいる中国人スタッフＭ

〈国際結婚生活〉

スタッフＭは、日本への留学経験のある、国際結婚当事者である。

Mの親友には残留婦人の祖母がおり、親友は家族とともに祖母と日本に帰国した。この親友を通じてMは日本のことを知り、1986年に日本留学を決めた。留学しながらアルバイトをして、卒業して日本人と結婚した。

子どもは二人おり、「自分は中国人だから、差別なども気になって、子育てに一生懸命だった」という。「当時、社会的な差別もあって、子どもたちに中国語で話しかけないようにしていたので、子どもたちはあまり中国語ができない。2000年代になると、中国語教室を通わせるようにした」。Mは子どもがいじめられたこともあったので、もし子どもを公園に連れて行ったら、誰も遊んでくれない気持ちはすごく理解できるという。「国際結婚で移住してきた中国人女性は、私の知っている限り、ほとんど日本人の友達がいない。私の子育ての時代は日本人たちがやさしかった。でもいまはメディアの影響で中国人だとわかったら、もう近づいてこない」。Mは子どもたちが大きくなったため、ここで仕事をして、自分の経験をもとに国際結婚して移住して来た女性たちの通訳や生活上のアドバイスなどをしている。

B妻の弟

B妻の弟は、中国側の仕事を手伝っている。手伝い始めの頃、会員募集広告を印刷して、女性会員を紹介してくれるよう中国国内の結婚紹介所を回った。しかし、「女性を外国に売るのではないか」と「怖がって」、なかなか信用してもらえず、「門前払いされたことがある」という。それから、中国国内の結婚紹介所の担当者や女性たちを「社長（B妻）と会わせて、実際の（国際結婚の）結婚式にも参加してもらい、いろいろと詳しく説明して、やっと何人かを紹介してもらった」と以前の苦労を語った。

〈会員〉

女性会員は、「年齢が20歳から41歳までで、30歳あたりが一番多く、これまでに成婚した人たちの中では、農村出身で中卒の女性が一番多い」。B妻の弟曰く、「この二、三年で、中国女性会員も、日本人男性に対する年齢や外見の希望が高くなった」。

そして、日本人男性会員は「ほとんどが40歳以上で、年収が400〜500万円ぐらいの人たちだ。最近経済的な条件の良い男性も増えてきて、女性に対する要求が高くなった」。

二、三年前までは、国際結婚に来る日本人男性が普通の給料で、結婚する女性は離婚で子連れの女性というケースが多くみられた。私個人としては、このような二人の結婚が望ましいと思う。そういう離婚や死別で子連れの女性は、中国で再婚しようとしたら、同じ年齢の男性はより若い女性を希望するし、結婚を同意する男性はだいたい条件が良くない。二人で働いても、生活にあまり余裕がない。そうすると、普通の給料の日本人男性と結婚して日本に移住した方がいいと思う。

B妻の弟は、男性も女性も結婚相手に対する要求が高くなり、仕事が難しくなったと、近年の変化を語った。

〈**中国現地スタッフ**〉

Bの会社は、中国現地にB妻の弟以外にも中国人の通訳スタッフT、日本人女性スタッフUがいる。Tは、研修生として日本に二年間滞在した経験がある。日本にいた時に、Tは「お金ではなく、もっと大切なものを持ち帰りたいと考えて、一生懸命日本語を勉強した」。日本から帰国後、日本語能力試験二級に合格した。その後、さらに勉強を続けて、現在は日本語能力試験一級にも合格した。Tは日本語能力を活かし、日本人男性と中国人女性とのお見合いの通訳をしている。そして、Tの義理の妹（夫の妹）が日本人と結婚して日本に在住している。その妹が日本に出発する前に、Tは義理の妹に「最悪の覚悟で、最大の努力を」ということと「日本で最初の三年間は辛抱して」と言い聞かせた。義理の妹は、いまはもう中国に帰りたくないほど「すっかり日本に馴染んでいる」という。

現地日本人スタッフUは1980年代に中国の大学で一年間留学した経験があり、中国人夫と一緒に中国に住んでいる。Uは夫が日本に留学中に二人が出会い、結婚した。現在、U夫婦は日本料理屋を経営し、B社のお見合いや結婚式のために来る日本人男性たちの食事や宴会を下請けしている。また、Uは日本移住を控えている中国人女性に日本語や日本文化を教える日本語教室も経営している。

2・3　国際結婚の産業としての発展

本章の調査対象の語りから、紹介型国際結婚が一つの産業に発展するプロセスが伺える。

そのプロセスには、三つの特徴がある。第一に、国際結婚を介する連鎖移住で、直接連鎖移住と間接連鎖移住がある。例えば、A妻は、妹が日本人と結婚して日本に移住しており、妹の出産手伝いで日本滞在中に、日本の自然や社会環境に惹かれて住みたいと思うようになり、妹から日本人夫を紹介してもらい結婚することによって日本に移住したのである。妹からの直接の結婚紹介で、直接連鎖移住と言える。一方、D妻は、親戚が複数人も日本に在住しており、その影響で日本移住希望があるが、直接に紹介してもらうのではなく、仲介業者を通じて日本に結婚移住したので、間接連鎖移住である。このような移住希望と連鎖移住は紹介型国際結婚の発展の基礎条件となっている。

第二に、紹介型国際結婚が産業として発展するには、場合によって結婚当事者の家族、恋愛結婚夫婦、留学生や研修生などの関係者も取り込まれる。A社は妻の母親が中国側の担当で、B社は弟が中国側の主要な担当者となっている。また、会社の発展規模によって、留学や研修生経験者や、恋愛国際結婚をした夫婦などをスタッフとして取り入れる。例えば、C自身は中国留学した経験がある。B社では日本留学経験があり、日本人と恋愛結婚したスタッフや、中国留学経験があり、中国人と恋愛結婚して日本食レストランを経営するスタッフがいる。さらにD夫のような、アジア国に定年移住したい男性も紹介型国際結婚産業に取り込まれる。このように紹介型国際結婚産業は、様々な関係者を取り込んで発展するのである。

第三に、調査対象者の語りから、紹介型国際結婚産業の成立と発展は、男女間の不平等の上に成り立っていることがわかる。本章の事例の語りにあるように、中国側紹介者は常に葛藤を抱えている。その葛藤は、中国人女性の不平等な立場から生じている。不平等の一つの大きな現れは、歳の差である。Cが募集する中国人女性の年齢は20歳から23歳までだが、一方、日本人男性は28歳から44歳となっている。A妻の母親は40組の成婚夫婦の中で、歳の差が一番小さいカップルは12歳の差だと語る。B妻の結婚時の年齢は24歳であり、日本人夫は60歳だった。D夫婦間も23歳の歳の差がある。「20代の日本人女性は40代の日本人男性と結婚しない」というA妻の説明が表しているように、紹介型国際結婚は、男女の歳の差の上に成り立っている。A妻の母親が、56歳の日本人男性が25歳以下の中国人女性との結婚を希望することに対して不満を感じていることと、80％の中国人女性の親は歳の差や男性の外見のことで結婚を反対していることから、歳の差に対して女性側はまったく気にしないわけではないが、それを受け入れるしかない現実がある。

その現実には、もう一つの不平等がある。すなわち、紹介型国際結婚の主導権は男性側にあり、女性側は「選択する余地がない」ことである。男性側が何人もの女性から気に入る相手を選択できるが、女性側は選ばれる時の拒否権しか持たない、最初から男性を選ぶことはほとんどできない。D妻の親戚のように、一人の日本人男性が16人の中国人女性とお見合いする中で「選ばれる」のである。さらに、D妻のように、言葉が通じない、情報が不十分な中、年収の10倍以上の仲介費用を取られ、「全部仲介業者の言う通りになる」というケースのように、女性に比べて、男性側と仲介業者は大きな権力を持つ。

本章は国際結婚当事者でありながら仲介業者もしている研究対象の語りから、紹介型国際結婚の全体的な状況を概観した。紹介型国際結婚は、国際結婚を介する連鎖移住と、家族、留学生や研修生、恋愛結婚夫婦などの関係者を取り入れることで、産業として発展した。また、紹介型国際結婚の大きな特徴は、男女間の不平等である。男性側と仲介業者が主導権をとり、男性側のより若い女性を求める要求に対応して、情報が不十分な中、女性側は選択する権利を持たずに、歳の差や大金の紹介費用などを受け入れる側になる。

近年、仲介業者のトランスナショナルネットワークによって紹介型国際結婚は越境連鎖して、前述した日本への国際結婚移住者を多く送り出している中国東北地域に、ベトナム人女性が結婚移住してくるようになった。次章では、この紹介型国際結婚の更なる発展を述べる。

第三章　紹介型国際結婚によるグローバルな家族の形成

玲の実家の方正県は、第一章で国際結婚移住者の送出地域だと紹介した。この方正県は、２００９年頃からベトナム人妻を受け入れるようになり、２０１１年にはすでに１１００人以上のベトナム人女性が暮らしている[33]。

筆者の現地調査から、ベトナム人妻たちが中国語の学習に使う教材は、台湾に嫁ぐベトナム人女性たちのために作られた教材であることがわかった。また、調査中にベトナム人妻に見せてもらったベトナムで行われた結婚式の録画ＤＶＤが中国語とベトナム語で作られており、結婚式の司会者は台湾訛りの中国語とベトナム語両方で話していた。したがって、この結婚式のサービスが、もともと台湾人男性との結婚のためにできたものだと推定できる。つまり、ベトナム人女性が台湾に嫁ぐためのシステムが、そのまま方正県に活かされているのだ。

では、いったいどのようにして紹介型国際結婚がこのような発展となっているのか。本章はベトナム人妻が中国東北地域に国際結婚移住することを取り上げ、トランスナショナル仲介業者のネットワークの発展を通じて、結婚をめぐる国際移動の持続と連鎖が多国間に広がること、およびグローバルな家族の形成を明らかにする。

3・1　トランスナショナル仲介業者ネットワーク

ベトナム人女性との結婚紹介はどのように始まったのだろうか。方正県で初めてベトナム人女性を紹介したという仲介業者F（30代・女性）は、次のように紹介の経緯を話した。

いま（2010年）ここ（方正県）に100人ぐらいのベトナム人妻がいるが、その中の80人ぐらいは私が紹介した。もともと、ここ（方正県）の女性と韓国人男性との国際結婚を紹介していたの。去年頃に、韓国側のカウンターパートから、ベトナム人女性を中国に紹介することを勧められたから、ベトナム人妻の紹介を始めた。韓国ではベトナム人妻が多いからね。ベトナムの華人をカウンターパートとして紹介してもらったの。お見合いの通訳は、台湾に嫁いだことのあるベトナム人女性がやっている。いまは1ヶ月に2回ベトナムに行って、1回につき2～3人の男性を連れて行く。結婚の費用は5万元で、お見合いの時にまた2千元がいる。その2千元のうちの千元で女性に服などを買って、残った千元は女性の家族に渡す。ベトナム人妻がこちら（方正県）に来たら、毎年3千元を女性の家族に送金する。女性たちはホーチミン市周辺の農村出身

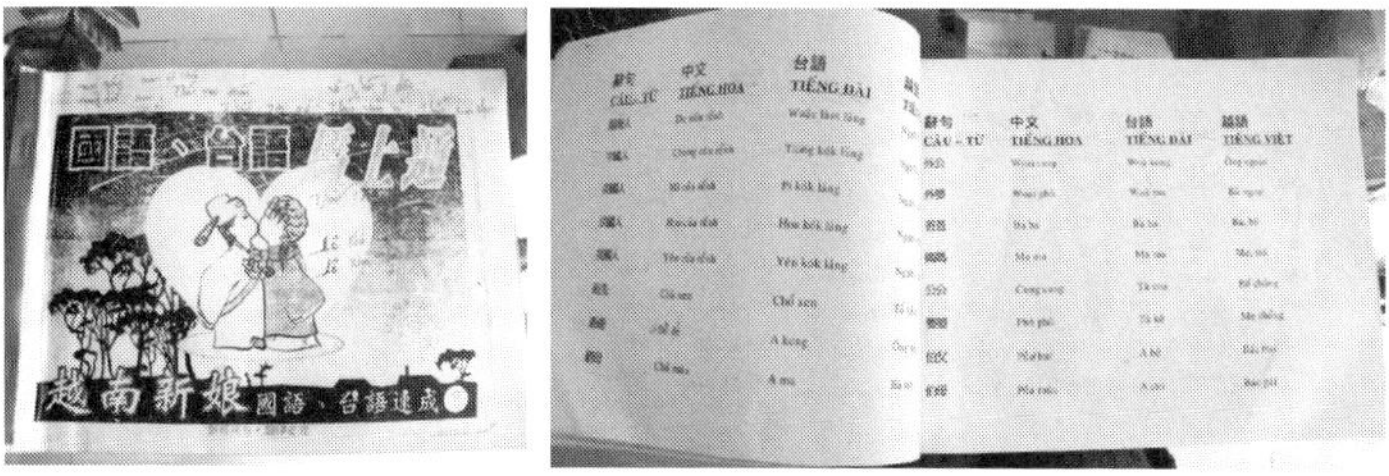

（中国東北部のベトナム人妻が使用していた台湾に嫁ぐベトナム人女性たちのための中国語教科書、筆者撮影）

で男性もほとんどがここの農村の男性で、紹介した中で県の中心部に住んでいる男性は一人だけだった。

仲介業者Fの語りにあるように、中国東北部にある方正県にベトナム人妻が結婚移住するようになったのは、韓国へのベトナム人妻の流入と関係している。韓国と中国の仲介業者のネットワークを通じて、結婚紹介が行われるようになったのである。さらに、台湾へのベトナム人妻の流入とも関係している。中国とベトナムとの間の言語問題の解消は、台湾に嫁いだことのあるベトナム人妻たちが架け橋の役割を果たしている。つまり、トランスナショナルな仲介業者のネットワークが、中国東北部とベトナムを結びつけたのである[34]。

では、方正県ではどのような男性たちがベトナム人妻と結婚しているのか。

3・2　姉たちの経済支援で結婚したヨン

方正県のような女性結婚移住者の送出地域では、女性の海外流出による男性の結婚難が生じやすいとされる[35]。実際に30代前半のヨンはそのような状況に直面した。彼の母親はこう説明した。

ここではね、（男性の）結婚が難しいのよ。ほら、女性たちが日本や韓国に行くのが多いでしょ。それどころか結婚しても、離婚して外国に行く人もいるのよ。今は、（結婚の時に）女性が（男性の）条件を見るのよ。うちの末っ子（ヨンのこと）はそんなに話が上手な子でもなくてね。

無論、格好良く、話が上手で女性に人気の男性であれば、それほど経済力がなくても結婚できるのかもしれないが、ヨンのように「あまり話が上手ではない」男性が結婚するには、経済的条件が求められる。しかし、ヨンは農民ではなく、小さな会社に勤めているものの、決して安定した経済力を持っているわけではない。そこで、ヨンも日本移住を考えるようになった。日本で仕事を見つけ、配偶者を帯同して移住できるのであれば、方正県の結婚市場でも優位な立場になるからだ。しかし、ヨンはいろいろと手続きをして、渡日のルートを試したものの、どれも途中で失敗したので、日本移住は叶わなかった。あれこれしているうちに30歳を過ぎ、結婚相手を見つけることがますます難しくなった。

そこで、ベトナム人女性との結婚が選択肢として浮上してくる。ある日、ヨンの母親は、数名のベトナム人女性が方正県で結婚相手を探すために仲介業者に連れられてきていると親戚から聞き、ヨンをお見合いに行かせた。ヨンはお見合いで、メイのことを気に入り、自宅に招待し、家の状況を確認してもらった。ヨンの実家は県の中心部にある広いマンションで、内装が自慢であった。メイは結婚に同意し、その後、ベトナムで結婚式を挙げ、婚姻手続きを済ませた。

一般的な中国人女性と結婚する際に求められる費用ほどではないが、ヨンは仲介の手数料と結婚式費用など合わせて10万元[36]ほどを必要とした。これは彼の月給の50ヶ月分にあたる大金である。ヨンは現地のごく普通の水準の月給ではあるが、貯金があまりできない。これほどの資金を用意できたのは、外国に結婚移住した二人の姉からの経済的支援があったからである。

ヨンの姉たちが外国に結婚移住するようになったのは、父方のおじ家族の影響である。おじの義理の母は残留婦人で、１９９０年代末頃におじの家族全員を連れて日本に帰国している。当のおじは、ヨンの父親以外の弟二人の娘たちに日本人との結婚を紹介した。方正県において、日本に移住した人々は経済的にも、社会的にも見栄えがよいと考えられており、身近な人の中で一人が移住すると、周りも影響される。ヨンの次姉は、他の親戚の娘たちがみな日本に嫁いだことから、自分もどうしても日本に結婚移住したいと思うようになった。その後、次姉は仲介業者を通じて日本人と結婚した。メイを招待した、内装がきれいで広めのマンションは、実はこの日本に結婚移住した次姉が購入したものである。次姉の買った家が大変広いからこそ、結婚しても両親と同居でき、自分で家を購入せずに済むのだ。そして、ヨンの長姉は、最初現地中国人男性と結婚したが、その相手には兄弟二人、姉妹二人がいた。きょうだい四人とも離婚し、二人の姉妹および兄弟の妻らは、それぞれ子連れで日本人と再婚することになり、日本に移住している。のちにヨンの長姉も離婚して、韓国に結婚移住している。外国に結婚移住した二人の姉の支援で、ヨンがベトナム人妻と結婚できたのである。

県の中心部に大きなマンションを持っているというのは、ベトナム人女性との結婚を考える男性としてはいい条件といえる。業者Fが話したように、彼女が紹介したベトナム人女性と結婚する男性のほとんどは市街周辺の農村に住んでいる。Fが仲介したケースのうち、唯一の県中心部在住の男性は、少し身体が不自由であるが、日本在住の父親の送金でマンションに暮らしている。市街周辺の農村に住んでいるベトナム人と結婚した男性三人にインタビューしたが、一人は妹が韓国に結婚移住しており、その経済的な支援でベトナム人女性と結婚した（初婚）。もう一人は再婚で、姉が韓国に結婚移住しており、そのサポートでベトナム人女性と再婚できた。三人目は妹が日本に結婚移住しており、妹から経済的なサポートはもちろん、一緒にベトナムに行き、お見合いから結婚式までついてもらって、ベトナム人妻と結婚した（初婚）。つまり、周辺の農村でも、やはりすでに日本や韓国に結婚移住している姉妹からのサポートがあったからベトナム人女性と結婚できている。

このように、方正県では、女性の海外への結婚移住により、男性が結婚難に直面する一方、海外へ移住した女性による男兄弟らへの経済支援で、外国人女性との結婚が可能になっている。では、ベトナム人女性はどのような経緯で結婚に至ったのだろうか。

3・3　ベトナム人妻メイとその友人たち

ヨンのベトナム人妻メイは、ベトナム南部出身で、姉一人、弟一人の三人きょうだいである。姉がベトナム人男性と離婚後、韓国に結婚移住している。メイの弟の義理の姉も韓国に結婚移住したが、離婚後、韓国にいるベトナム人と付き合っている。メイも最初は仲介業者の紹介で韓国人と結婚して韓国に移住したが、農作業を強いられるばかりで、一年未満で離婚した。離婚してベトナムに帰国後、再び仲介業者のところに行って、結婚を紹介してもらおうとした。その仲介業者はもともと台湾との結婚を紹介していて、その後は韓国になり、メイが再度訪ねた時はおもに中国人との結婚を紹介していた。メイの家の周りには、台湾に結婚移住した人も少なくない。結婚移住した女性たちのほとんどは、地元に立派な家を建てた。メイは初婚時の結婚紹介について、「台湾は面接などがあって、難しくなったんだ。シンガポールなどへの結婚もあるけれど、紹介してもらえなかったの。行きたいところに行けるというわけではないから」と語った。

メイは中国人と結婚することを誰にも言わなかった。大した結婚式もしなかった。

私は帰る時に、着ているものとか全く外国に嫁いだ人に見えない。お金がないから。（前回帰省したときに）1万元を持って帰って、少なくはないけど、でも、母に3千元を渡して、弟やい

（外国に嫁いだベトナム人女性の送金で建てた家、ベトナムにて筆者撮影）

とこたちにそれぞれ数百元を渡して、親戚の子どもたちに何かを買ったら、もうなくなってしまう。みんな（地元に）帰ると友達と外食するけど、私はただ家にいるだけ。お金がないと家にいるしかない。（国際結婚した）他の人も、あまりいい人と結婚したようには見えないけれど、みんな帰ったら家を建てる。そして、よくベトナムに帰省する。私は数年に一度しか帰れないのに。本当にみんなどうやってお金を儲けているのかがわからない。すごく簡単みたい。

家に帰る時は、本当に遠い。上海で乗り換えして、飛行機が遅れたりして、ホーチミンに着くのがもう朝2時。家についた時に、もう日が昇っていた。一晩寝られない。そうするとみんなに聞かれる。『どこに住んでいるの？　こんなに遠いなんて、アメリカなの？』って。そんな時はいつも、『そう、アメリカだよ』と答える。私がどこに嫁いでいるか、実はみんなわかっていないの。家族に次回帰るのがたぶん5年後だと言ったら、みんなにびっくりされた。少なくとも（また帰省するには）3年はかかると思う。

メイは中国人との結婚後、自分の従姉妹を夫のいとこに紹介した。その従姉妹もまたベトナムの友人に中国人男性との結婚を紹介した。メイが方正県で一番仲のいい友人は、マレーシアに結婚移住したことがあり、子どももいた。この友人は一時的にベトナムとマレーシアとの間の結婚紹介をして、お金を儲けたが、その後離婚した。それから、シンガポールでしばらく働いた後、再び中国人と結婚して方正県にきた。しかし、嫁ぎ先は大変貧しい上に、同居する姑との関係が良好ではなく、子どもがいるものの、離婚を考えているという。

メイの語りから、中国は決して理想的な嫁ぎ先ではないことがわかる。なぜなら、メイは結婚のことや、今どこにいるかを周りに正直に言いたくないのである。紹介型国際結婚の場合、グローバル社会における国の位置付けが重要視される。中国は、近年経済的なプレゼンスが上昇しているとはいえ、まだまだ発展途上国である。しかし、メイが再度仲介業者のところに行った時には、中国という選択肢しかなかったのだ。メイの友人もマレーシアやシンガポールなどへの移動を経て、中国に結婚移住してきた。これまでベトナム人妻を受け入れてきた韓国や台湾が、外国人妻の流入を制限する方向に政策を変更したことで、ベトナム人妻の流れが中国の方にプッシュされたと考えられる。例えば、台湾では2005年から結婚時の面談制度[37]を通じて外国人妻の流入をコントロールしている（Kung 2009:181-182）。韓国では2006年に結婚移民に対する統合支援対策の一つとして国際結婚を管理する法律が制定され、婚姻ビザの発給や結婚仲介業者などを管理するようになった（李 2012）。メイの語りにも、近所の女性たちの結婚移住先が台湾、韓国、それから中国へと変化していることが表れている。従来ベトナム人妻を受け入れてきた周辺地域の政策の変化が、ベトナム人妻の中国への流入を後押しした一つの要因と考えられる。メイとその友人たちの中国への移動は、前述したトランスナショナルな仲介業者の役割の他に、各国の政策とも密接に関連していることがわかる。

3・4　紹介型国際結婚の越境連鎖とグローバルな家族の形成

本章で述べたヨンとメイの家族の関係を図示すると図9のようになる。これは、東アジアの越境結婚のほとんどのルートがかかわっている典型的な事例である。とりわけ、中国大陸から日本や韓国、そしてベトナムから韓国・台湾・中国大陸への移動がかかわっている。

紹介型国際結婚の大きな特徴はジェンダー化されている点にある。東アジアでは労働移動に大きな制限があるため、越境移住が容易ではない。こうした制限されたトランスナショナルな移動においては、結婚が一つの戦略になっており、父方居住であることから、女性の移動が前提とされている。また、女性は結婚を通じて社会・経済的に「上へ」の上昇を志向するとされるが、対照的に、婚姻に移動が伴い、それが階層移動を生じさせるような「機会」は男性にはない。このようなジェンダー化された移動は、地域の人口構成に不均衡をもたらし、男性たちの結婚難が生じる。

国際結婚移住は、女性の送り出し地域の男性の結婚難をもたらしている一方、本章の事例が表しているように、女性は移動することで経済的な安定を得ることができ、仕送りを通じて自分の兄弟に婚

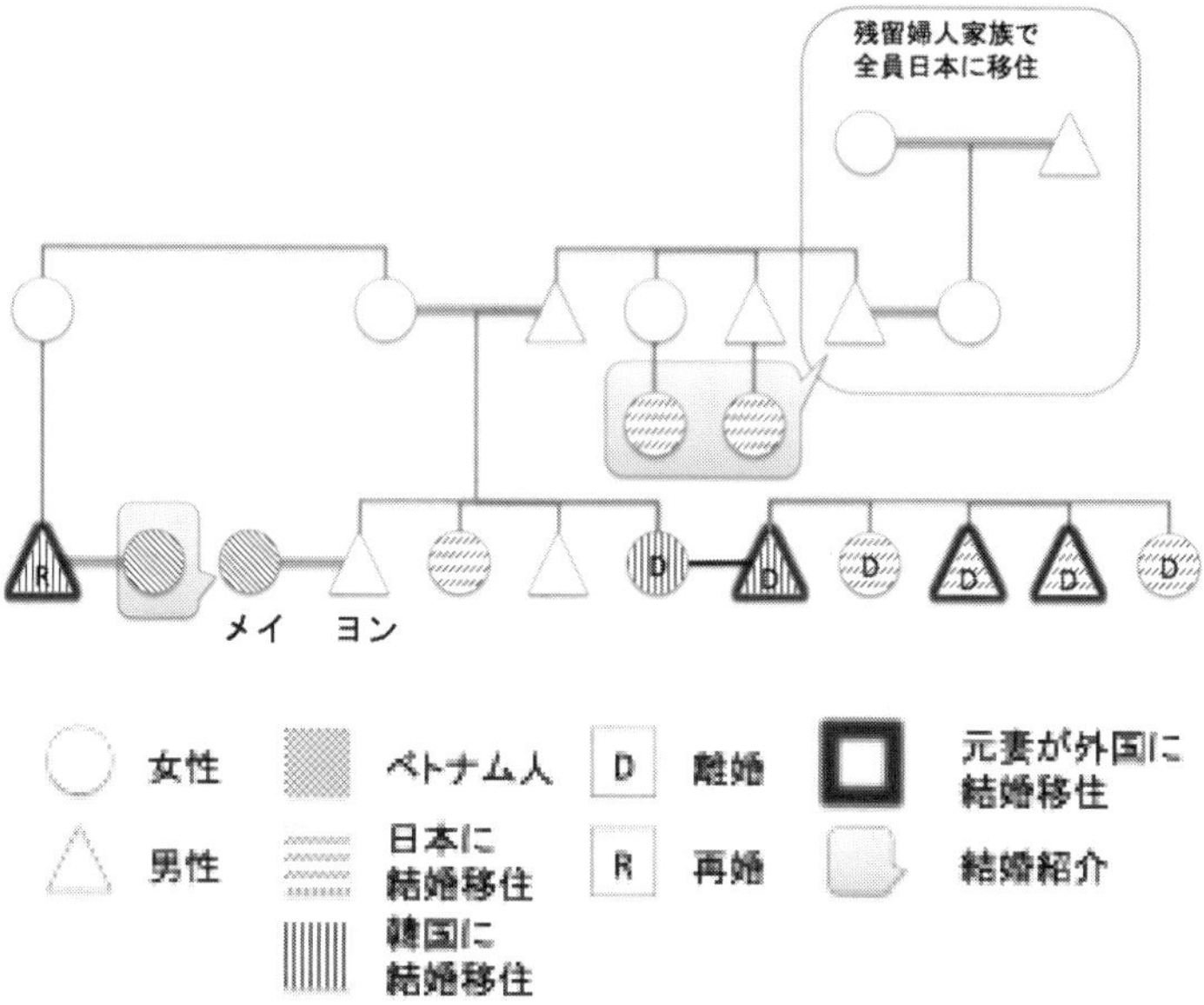

図9：ヨン・メイ夫婦の家族関係図

資などより結婚しやすい条件をもたらしている。本章が示したのは移動する女性が、隙間を補填するかのように次の女性の移動を誘発するのである。かつて送り出し国であった中国が受け入れ国になる、という新たな段階に差し掛かったのは、単に経済的な魅力や地政学的な理由だけにとどまらない。結婚移住者が出身地で果たす役割の1つに、留守家族の経済的な安定を確保することが挙げられるが、そうした経済的なサポートが結果的に兄弟の結婚相手を確保することに結びついていることがむしろ重要である。数千キロ離れたベトナムの女性との結婚の段取りは、結婚移住者の果たす重要な役割である。

また仲介業者の存在は、トランスナ

ショナルなネットワークが結婚の商品化を生み出した。特に、もともと存在していた台湾と韓国におけるベトナムとのネットワークが中国大陸にも影響を及ぼした点は、二国や地域間だけ見ていてもわからない点である。中国人女性を送り出していた地域が、ベトナム人女性の受け入れを始めることができるようになったのは、こうした多国間ネットワークを基盤にしている。

ネットワークの形成は、人々の移動の選択肢にも影響を及ぼす。本章が示したように、結婚をめぐる国際移動は、多国間のトランスナショナルなネットワークの形成を基盤に、女性たちが二ヶ国以上に移動を繰り返しながら居心地の良い場所を求める。移動の持続と連鎖はもはや二国間に限定されるのではなく、多国間に広がっているのである。

では、紹介型国際結婚はどのようなお見合いのプロセスで結婚が成立するのか、次章で詳しく見ていく。

第四章　紹介型国際結婚のドラマツルギー

玲は、仲介業者の紹介で、日本人男性とお見合いを経て、結婚した。筆者の調査では、お見合い結婚ツアーに参加する男性たちは、国内でいわゆる結婚適齢期をすぎた人がほとんどである。日本の場合、国内でも結婚紹介ビジネスが盛んで、多くの男性は国内の結婚紹介所に登録し、うまく成婚できずに、海外女性との結婚を選択肢として提示され、お見合い参加に至る。ほかに、友達が国際結婚している、あるいは直接結婚紹介所のホームページから登録するケースもある。年齢は40歳以上が大半で、未婚者と離婚者の両方がいる。中国人男性の場合、主にホームページから仲介業者に連絡して、お見合いツアーに参加する。農村部だと20代後半や30代が多く、都市部だと30代や40代の男性が多い。女性は20代と30代がほとんどで、農村部出身と都市部出身の両方がいる。お見合いに参加する男性は、居住地域が多くの場合分散しているが、女性側は中国でもベトナムでも特定地域に集中する傾向にある。

仲介業者は多くの場合、前章で述べた通り、自身が国際結婚をしており、夫婦で紹介の仕事をする。

男性側仲介業者は主に男性側の「おもてなし」に努め、一般的には女性側の言語ができない。女性側仲介業者は、女性の募集と「養成」に努め、男性側の言語が堪能な場合も多く、通訳や男性側に対する仕事もする。

では、紹介型国際結婚のお見合いに参加する男性、女性たちはどのようにして成婚していくのか。本章は紹介型国際結婚のお見合いの場面に注目し、男性、女性、仲介業者の分析を通じて、男性と女性の個人としての内面に踏み込み、紹介型国際結婚を選択するアイデンティティの内実を明らかにする。

4・1　演出論アプローチ

お見合いをめぐる場は、お見合い最中という男女が対面する空間と、お見合い前後など男女が一緒にいない空間とに分けられる。空間によって異なる行動を行う行為者のことを分析するには、Goffmanの演出論アプローチがきわめて有効的である[38]。本章では、「表舞台」「舞台裏」という枠組みを用いて、お見合いの場における人々の相互行為を分析する。

表舞台というのはパフォーマンスが行われる空間で（Goffman 1959：107）、舞台裏は特定のパフォーマンスに関して、そのパフォーマンスが人に抱かせた印象が事実上意識的に否定されている場所と定義でき、ここでパフォーマーはくつろぎ、外面をぬぎ、役柄からおりていることができるのである

（Goffman 1959：112）。そうすると、仲介業者による紹介型国際結婚の場合、お見合いが行われる空間は表舞台になり、仲介業者がそれぞれ男性、女性とお見合いの準備をする空間ではチームとしての舞台裏が形成され、男性、女性がくつろぎをする空間は個人としての舞台裏と呼べよう。本章では、具体的なお見合いの場面と会話を描き、多層的な舞台を分析していく。男性、女性、仲介業者の間でどのような相互行為が行われ、そこから、行為者の構造と主体はどのように織りなされているのかを見ていく。

本章では、中国、日本、ベトナムの事例を取り扱う。調査事象を越境して追跡している間に、研究者として得た成果の一つは、男性側と女性側、両方の舞台裏に入ることが可能になったことである。Goffmanの分析にあるように、チームのなかに基本的な社会的区分、たとえば違った年齢層、異なる人種－民族集団の出身者がいる場合、舞台裏の活動の自由に、ある自由裁量による制限が行きわたることになる（Goffman 1959=2017：151）。日本人男性と中国人女性との国際結婚の調査の時に、筆者は中国人女性側とは同じ年齢層であり、同じ民族集団出身であるため、かなり自由である。一方、中国人男性とベトナム人女性との国際結婚の場合は、性別の相違があり、男性たちの自己呈示は完全に自由な状態ではないと思われるが、それでも同じ民族集団出身者として、男性側の舞台裏にある程度入ることができる。

したがって、本章は、日本人男性と中国人女性との国際結婚、中国人男性とベトナム人女性との国際結婚、両方のデータを合わせて一つの紹介型国際結婚の全体像を示す。次節から、表舞台、チームとしての舞台裏、個人としての舞台裏に分けて、ドラマツルギーを見ていく。

4・2　表舞台

本節は、中国の市内のホテルで行われた日本人男性と中国人女性のお見合い場面を描き、表舞台を分析する。筆者は中国人女性仲介業者Yと知り合って、見学をさせてもらった。お見合いの最中に行ったので、私は番外の人間（Goffman 1959=2017：178）、つまり同席していても、あたかもいないかのような扱いをされた。

ホテルの一室に、50代のスーツ姿の日本人男性と20代の中国人女性通訳がソファーに座っている。ちょっと離れているところに椅子がおいてある。廊下に中国人仲介業者男性Z、中国人仲介業者女性Y、お見合いのために来た中国人女性10人ほどが待機している。Zは登録票を配り、女性参加者たちに記入させている。登録票には身長、体重、家族構成、婚姻歴、使用言語、飲酒、喫煙の有無に関する項目がある。女性たちは登録表を書きながら、男性の状況に対して自由に質問をして、Yが答える。お見合いする女性は記入済みの登録票を持って、順番に入室し、椅子に座って、日本人男性の面接を受ける。

部屋の中で、奥のソファーに座っている日本人男性が、入り口の近くの椅子に座っている一人の女性を面接している。男性は記入済みの登録票を見て、離婚歴と子どもがいることを確認した。その後、

「趣味は何ですか」と尋ね、女性は「バドミントン」と答えた。男性は「それは自分でやっているの、学校とかでやっているの」と再度聞き、女性は「自分でやっている」と答えた。男性は通訳に終了のサインを示し、通訳は女性の退室および次の女性の入室を指示した。女性が退室後、男性は通訳に、「中国ではみんなバドミントンをやっているね」と言った。

次に入室した女性は、独身で20代だ。男性は登録票の内容を目で確認してから少し姿勢を整えて、「ぼくに対する印象は？　何か質問がある？」と聞いた。女性は「趣味は何ですか」と尋ね、男性は「バドミントンなど、いろんなスポーツです」と答えた。続いて、女性の「どんな仕事をしていますか」に対し、男性は「電気部品の生産に携わっています」と答えた。最後に、女性は「初婚ですか、それとも再婚ですか」と尋ね、男性は「再婚です。子どもは女の子二人でもう家を出ています」と答えた。女性が「もう質問がない」と言うと、男性も通訳に次を呼んでいいと指示して、「逆に面接された感じ」と通訳に話した。

ここで筆者は女性と一緒に退室して、廊下に移動した。Zは時々部屋に入り、状況を確認していた。

4・3　チームとしての舞台裏

4・3・1　女性側のチーム

廊下では、女性たちとX、Yが話をしていた。別の部屋でもお見合いが行われているらしい。Yは、さっき別の部屋で面接した女性の話をしていた。その男性は65歳の初婚で子どもを希望していた。女性には離婚歴があり、10代の子どもがいる。男性は、思春期の子がいるのに親が離れるのは、親失格だと言って、子どものいる女性はだめらしい。「65歳なのに、子どもがほしい。誰が産むの？」とYが言うなり、他の女性たちもみなうなずいた。Yは、「女性ならいくらでも（避妊の）方法があるよ」と抵抗の可能性を暗示し、「けっこう50代でも大卒で日本語が話せる若い女性を求める。そんないい話がどこにあると思うの」と男性の要求の高さを憤慨してみせた。

そのあと、1回目の面接が終わって、3人の女性がまた呼ばれて、2回目の面接を受ける。Yは3人の女性たちに、「これでもう決定だから、もし結婚に同意するなら、あなたのことが好きだとかを伝えて。もし同意しないなら、直接に断らずに、もうちょっと考えるとかを言ってね」とアドバイスした。彼女たちが部屋に入った後、筆者が面接を見学した先ほどの20代の女性に対して、こう言っていた。

彼はあなたのことを気にいったそうだよ。でもね、あなたが質問しすぎたみたいよ。明日もお見合いがあるけど、今日みたいに彼を面接する感じじゃダメね、結婚したいなら、あなたのことが好き、彼が何を言ってもやさしく、ハイハイと言うのよ。従順じゃないと。そして、（他の女性たちに向けて）みんなもそう。年収もその場で聞かないでね。

話しているうちに、50代の男性がすでに一人の女性に決めた様子で、Zはその女性に最終確認をしている。また、女性の親にも電話で結婚に同意するかどうかを確認するよう促した。「いま確認しないと、あとでまた歳の差とか、いろいろ気になって、急に反対されたりすると困るから」と話した。確認が終わると、日本人男性も微笑みながら通訳と一緒に部屋から出てきて、これから決まった女性と食事に行くという。

もう一つの部屋の65歳の日本人男性も29歳の女性との結婚が決まったそうだ。Yは、「(そんなに歳が離れて)それでうまくいくと思っているの？　自分で自分を騙している感じだよ」と男性のことを揶揄した。他の女性たちは決まった女性におめでとうと言い、その場で解散した。

（お見合い後、結婚式の準備をしている日本人男性と中国人女性、筆者撮影）

4・3・2　男性側のチーム

本節では、ベトナムの市内ホテルで見学した中国人男性とベトナム人女性とのお見合いに基づいて、男性側のチームとしての舞台裏を分析する。お見合いツアーの主催者は、中国人男性G（40代前半、再婚）とそのベトナム人妻（20代前半、初婚）である。筆者はGに連絡して、お見合いを見学させてもらった。

お見合いツアーに参加したのは、中国の都市部から来た6人の男性だ。ツアー参加者H（30代後半、未婚）とI（40代後半、離婚）は筆者と同じ日に到着した。他の人たちはその前に来ていた。6人のうち、J（40代前半、初婚）はすでにベトナム人女性と結婚式を済ませており、K（30代後半、初婚）は二度目の参加で、婚約中である。L（40代前半、未婚）とO（50代前半、離婚）は何回かお見合いした。

Gは男性たちと一緒に雑談しながら、筆者にどうしてお見合いツアーをするようになったかを説明した。

最近、問い合わせてくる人は優秀な方々ばっかり。みんなこんなに条件がいいのに、なんで中国人女性と結婚しない？　なぜなら、中国人女性は拝金的で、結婚相手を選ぶときに、もっぱらお金、車、持ち家、身長などをチェックする。いったい何を愛しているのかがわからないよ。でもベトナム人女性は、お金、年齢、外見など全部気にしない。ただ自分を愛するか、何事でも頑張っているかを見る。本当に純粋な愛情だよ。ここの女性と過ごしている時に、本当に恋愛の気分になる。国内の拝金的な女性といるときとは全然違う。

Gがこう言うと、参加者もみな中国人女性たちはいかに要求が高く、自己中心的で、ベトナム人女性はいかに純粋で感動するかについて話の花を咲かせる。一方、ベトナム人女性の結婚動機について、ベトナム人男性は暴力的で働かないからと語られる。ベトナム人男性の話をすると、その話題に続いて、Gはツアー参加者たちの身だしなみについて話した。

彼女たちはベトナム人男性と違う人を探しているから、身だしなみに気をつけないとベトナム人男性と同じように見られちゃう。この点で、台湾人はよくできている。スーツにネクタイ。そうすると、真剣で良い印象を与える。（自分のフレームのみのメガネを指さしながら）僕のこのメガネも彼ら台湾人から習った。何回か台湾人男性のお見合いを見たけど、メガネをかけた人はすぐに成婚した。だから、僕もこれを買った。

また、これとともに、女性を大切にすることもGは強調した。

彼女たちは、僕らのことを本当によく知らないよ。こっち（中国）に来ることは本当にリスクが大きいことだ。こんなにリスクを冒して、ただより良い生活を望んで。誰でもより良い生活を望んでいるんじゃない？ そう

（仲介業者Gとベトナム人妻、南都周刊撮影[39]）

じゃなければ、僕らもここに来ない。だから、彼女たちを大切にしないと。

4・4　個人としての舞台裏

4・4・1　男性側

中国人男性とベトナム人女性とのお見合いの調査で、男性たちは以下のように語った。

40代初婚のKは、自分の経験をこう話した。

若い時に、僕らのような内向的な性格の男性は、明るくて自己表現ができる男性たちに勝てない。ちょっと歳を重ねれば、社会的な経験も豊富になり、自己表現ができたときに、今度、歳がまた問題になっちゃう。僕らのような歳だと結婚相手の女性の年齢はどのぐらいがいい？　同じ40代で未婚の女性なら、出産したがらないかもしれない。もし離婚で子連れの女性なら、僕もちょっと残念な気持ちがある。でも、年齢差が10歳以上の若い女性なら、どうして僕と結婚するの？

そして、40代未婚のLはお見合いツアーに来たことを実は、誰にも言っていないのだ。

> 20年前、僕の田舎の農村では、嫁さんが見つからない人たちは、四川省から嫁を買っていた。うちの親がもし将来の嫁がベトナム人だとわかると、きっと四川省の女性たちのことを連想して、悲しくなると思う。親たちからみれば、これはもう人生の失敗だ。今回ここに来るのも誰にも言っていない。ただ広州に遊びに行くと言った。

また、ベトナム人女性たちに対しても、不安がある。従順で純粋だと言われているが、本当にそうなのか。たとえそうだとしても、結婚後変わらないのか。Kは前回お見合いツアーで来た時に、一人の女性にほぼ決めた。その女性は背が高く、きれいで、金髪に染めていた。そのあと中国に帰り、Kはしばらくよく考えたら、今度は、もう一人の小柄で、素朴に見える女性に変わった。「前の女の子はあまりにもきれいで、ちょっと危ないと思うようになった。今の子の方がもっと安心できる」。Lは結婚後うまく行かずに離婚になることも心配している。しかし、「たとえ僕らに見えていることは実は本当じゃないとしても、本当だと信じるこ

（ベトナムで結婚式を挙げたJとベトナム人妻、南都周刊撮影）

とにしたい。僕らは夢を追って、ここに来た。絶対に夢を破れない」とLは語る。[40]

4・4・2　女性側

一方、日本人男性とお見合いをする中国人女性たちは、あまりにも年齢差のある知らない男性との結婚は「アンバランスでもったいない」と語る。本来中国で結婚するなら、この年齢の相手と結婚しないという。日本人男性の条件を見る時に、一番気になるのも年齢である。また、大勢の女性の中から選ばれる立場であることもあまりいい気持ちではない。そして、男性側の仲介業者は全部男性側の立場に立つばかりで、全く女性のことを考慮しないというのもよく女性から聞く不満である。では、どのような思いで結婚を決めたのだろうか。麗の事例から見てみる。

中国人女性の麗は37歳で、64歳のすでに定年退職した日本人男性と結婚式を挙げた後、結婚紹介所の日本語教室で日本語を勉強しながらビザの発行を待っていた。麗は24歳の時に結婚したが、まもなく夫の浮気を発覚し、一年後に離婚した。26歳から6年間は、家庭持ちの男性と不倫関係にあった。離婚して麗と結婚するという話が何度もあったが、結局、子どもがかわいそうでやっぱり離婚できないと言われ、とうとう別れてしまった。付き合っていた時は、主婦のような生活をしていて、働いていなかったが、別れてから、やはり女性はどんな時でも自立しないといけないと思うようになった。友達と一緒に服の商売をやり、家や車なども持つようになったが、「40歳を過ぎても家族がいないことを想像すると、何かさびしく感じ、心が漂っていて居場所がなく、安心感がなかった。やっぱり結婚はしたい。だけど、もう30代後半で、周りにいい男性はみな結婚している」。たまたま新聞で国際結婚の募集を見て、気軽に登録し、一年後に今の夫と会って、一週間でもう結婚式まで挙げた。

（結婚が）すぐに決まった。あまり考える時間もなく、もうそのまま結婚した。彼は両親がいない、妻は病死で、娘が一人というので、まあまあ条件がいいと思った。この結婚のシステムは全部男性のため、しょうがない、世界はいつも不公平だ。みんなの印象の中で、このような国際結婚は条件の悪いもの同士のイメージだから、他人に日本人男性と結婚したことを今のところ言いたくない。……日本は先進国で、環境や物がいいし、人のマナーも良いと聞いた。日本に行くことが夢だった。でも、最初はやっぱり大変みたい。友達は日本に行って、三ヶ月でもう離婚した。日本でさびしくてしょうがないと言った。だけど、わたしは行ってみようと決めた。最悪の場合、また戻って来ればいい。もちろんできれば戻らない方がいい。……わたしはまだ若いから、日本で彼と一緒にのんびりの定年生活をすることはできない。日本語を習って、それから何かの仕事を探すつもりだ。女性はどんな時でも経済的に自立しないといけないと思うから。……日本では言葉も通じないし、きっといろいろ大変だろうけれど、あまり深く考えずに、とりあえず行ってみることにした。計画より変化が早いから。ここ10年間は商売であちこち行ったりして、もう慣れている。たまにご縁や運命というものを信じる。昔、占いの人が言っていた、わたしは東に行くって、日本のことだと思う。

4・5　紹介型国際結婚のドラマツルギー

4・5・1　表舞台：国家間のヒエラルキーに基づくジェンダー関係の再生産

表舞台においては、舞台装置自体が男女の不平等を再生産している。男性が奥のソファーなどに座り、女性が入り口の椅子に座る。一人の男性が数人の女性を面接する。男性から質問したり、終了時間を決めたりして、舞台の支配権は男性側にある。通訳も主に男性側のためのサービスとなっている。これはFaier（2009）が観察したフィリピンパブという空間と似ている。そこにおいて、フィリピン人女性の感情労働を通じて、日本人男性たちは大事にされ、パワーと自信のある男性になる。このお見合いの空間では、その舞台装置、お見合いの流れ自体も男性たちの権力を示している。

また、表舞台においては、外見と態度が重要になる。男女双方は相手に対してごく限られた基本情報しか持たずに、主に外見と態度で相手との相性を見る。仲介業者はこれらについて、事前に男女両方を指導する。うまく成婚するには、両方とも年齢的に若く、ルックスが良いことが理想的であるが、男性側は「スーツにネクタイ」という、より近代的でより社会経済に上位であることを占めす服装が望ましいとされている。女性側はとりわけ従順な態度が望まれる。表舞台におけるパフォーマンスは男女の出身国の間のヒエラルキーの再生産が表現される。

4・5・2　チームとしての舞台裏：分裂的な仲介業者

お見合いの空間とは別に、お見合いに参加する男性集団と女性集団はそれぞれ集団ごとに舞台裏を形成し、一種のチームのようになる。舞台裏においては、お見合いに参加するための心構えの伝授や、準備が行われる。仲介業者が中心的な役割を担い、男性側の仲介業者と女性側の仲介業者に分かれて、それぞれのチームを率いる。仲介業者はそれぞれのチーム内で、同類、腹心、訓練スペシャリストの役割をしている。同類と腹心の役割で信頼関係を形成し、成婚に導くようにお見合いのための訓練も行う。

しかし、男性と女性のそれぞれのチームで、仲介業者の役割の内容は少し異なる。まず、同類と腹心の役割である。女性側のチームでは、結婚後の生活の見通しや、結婚生活上の戦略と、お見合いする男性相手を揶揄することが中心になる。例えば、仲介業者は同じように国際結婚成婚者として、異国の生活の状況や、結婚後、夫との生活の知恵などを伝授する。そして、要求の高い男性たちを揶揄することで、女性側に寄り添い、腹心の関係を形成する。一方、男性側のチームでは、お見合いに来た理由の合理化が中心になる。その際に、仲介業者はお見合いに来たのは、本国の女性より外国の女性の方が理想的な相手だと強調する。外国女性を賛美することによって、国際結婚の選択を合理化する。

また、仲介業者は訓練スペシャリストの役割もする。理想的という印象を強化するやり方に一種の〈訓練の修辞法〉がある（Goffman 1959=2017：52）。仲介業者も主に外見と態度という二つの面でアドバイスする。女性の外見はもちろん、男性に対しても、仲介業者Gはベトナム人男性と一線を画すために、きちんとした身だしなみが必要だと述べた。態度に関しては、女性側は男性に従順であるように、男性側は女性をやさしく大切にするようにと指導される。

チームとしての舞台裏の役割は表舞台の権力関係に対応している。表舞台では男性の方が優位で、女性の方は劣位にあるため、舞台裏における女性側のチームは、権力のある男性の方を揶揄したり、抵抗の戦略を考えたりすることになる。これによって、「チームの志気を維持する機能をもつ」(Goffman 1959=2017：205)。一方、男性側は権力の維持や強化をすることでチームの志気を維持する。例えば、海外にお見合いに来たことは決して自分たちの失敗として語られずに、本国の女性に問題があるためだと語られる。

その中でも、本国の女性が配偶者選択の際に要求が高いことに不満を表する。日本の結婚紹介所では、「男性は『経済力＋外見＋コミュニケーション能力』がそろっていないと見合いという土俵に乗せてもらえないケースも多い」(小澤・山田 2010：73)。そして、中国においても、市場経済に転換されてから、結婚相手を選択する際に「学歴」・「職業」・「収入」・「住居」などの社会経済的条件と「容貌」・「スタイル」などの外見的条件は重視されるようになった(徐 2000)[41]。つまり、日本でも中国でも配偶者選択の基準が「外見・コミュニケーション力・経済力」の総合力になっていると言えよう。このような基準に不満を持ち、そのかわりに、外見や経済力などの「条件」ではなく、純粋な「愛」を求めに来たと主張し、そのような単純に自分を「愛する」外国の女性たちを賛美する。また、外国人女性がいかに従順で純粋かを絶賛すること自体は、自分たちがより上位にあることを示している。ベトナム人男性と一線を画すように身だしなみを整えることや、ベトナム人女性を大切にすることも優位な立場の強化にほかならない。

このようにチームとしての舞台裏においては、仲介業者が中心的な役割になるが、その役割は分裂的に見える。Goffmanの言うように、「仲介人の活動は、〈Aの場所では〉ある型の見せかけと忠誠を示し、〈Bの場所では〉別の型のそれへと転変し、個人の活動としては奇怪で、法外で、品位に欠けている。〈しかし〉二つのチームに同時に所属するものとしては、仲介人の転変はよく理解できる」(Goffman 1959=2017：175)。国際結婚の仲介は、一人でする場合はまれで、両国で何人も連携しているのがほとんどである。その際に、上述した事例のように、仲介業者たちはそれぞれ分裂した役割を果たしている。

4・5・3　個人としての舞台裏：「常人」への越境

個人としての舞台裏における男性と女性の語りから、社会的アイデンティティと自我アイデンティティの間にある種の矛盾が見られる。男性側は外見や、経済力、コミュニケーション力などの面で結婚適齢期を過ぎても結婚ができない、あるいは離婚経験を持つことで、ある種の社会的スティグマを抱えることになる。一方、女性側は親密関係の挫折や、離婚などで、同じようにスティグマを持つ。だが、「スティグマのある者も、アイデンティティについては常人と同じ考え方を持つ傾向がある。

このことは重大な事実である。そのような人が自己の存在について抱く感情は、深いところで自分は〈正常の人間〉、すなわち他の誰とも同じ人間であり、したがって公平な機会と運にめぐまれるに値する人間であるということであろう」(Goffman 1963=2016:22)。男女とも理想的な結婚の願望を持ち、幸せな家庭生活を望んでいる。しかし、自国の社会では男性は年齢差のある結婚を希望するが、難しいし、女性もよい男性はみな結婚していると感じる。そこで、国際結婚で「常人」への越境を試みる。「常人」への越境は、つまり親密性をふつうに経験でき、幸せな家庭生活を営むことである。

国際結婚をすることで「常人」の経験ができるのは、そのプロセスにおいて相手が自分の個人的アイデンティティを同定することができないからである。Goffmanは個人の生活誌として個人的アイデンティティの存在を指摘した。国際結婚をするときに、言葉も通じない短い間のお見合いなので、とりわけ性格やコミュニケーション力、経済力などの面でのスティグマに対する情報の制御ができる。紹介型国際結婚の場合、お互いの国に関するおおざっぱなステレオタイプで判断するしかない。男性側は経済力があり、マナーが良いとされて、女性側は従順で純粋とされる。これによって、自分自身のスティグマをパッシングすることができ、理想的な結婚をする「常人」の経験ができる。男性は理想的な年齢差のある女性と結婚ができ、女性もよりよい国や地域の男性と結婚することで上昇婚として周囲に見られ、親密関係などの挫折からの尊厳回復ができる。「常人と見なされることは、それ自体で大きな報償であるから、越境しようとしているほとんどすべての人びとは、まま無理をしても越境しようとする」(Goffman 1963=2016:129) ように、人々は国際結婚をすることで常人への越境を試みる。

一方、越境することは大きな報償でありながら、同時に大きなリスクでもある。相手の個人的アイデンティティをよく知ることができないからである。多くの場合、これは「常人」に越境することの代価として受け入れられる。中国人男性Lの言うように「たとえ僕らに見えているのは事実じゃなくても、本当だと信じたい」。女性も「深く考えずにとりあえず行くこと」と語る。常人になれるいい気分のためなら、代価を払うのだ。

だが、「スティグマのある人が自ら求めて至る極限的状態と、したがってそういう極限的状態に彼らを追いこむ状況の独特の苦しさをよく示している」（Goffman 1963=2016:25-26）にあるように、紹介型国際結婚はまさにそのような極限的な状態だと言えよう。また、国際結婚自体もスティグマになることも認識されている。男女ともに、結婚生活が安定するまでそれを隠す傾向も見られた。

個人としての舞台裏は個人の自我アイデンティティに関わっている。スティグマを抱えながらも「常人」に越境しようとしている男女双方は、まさに構造を根底にしつつ、主体的に動き出していると言えよう。

では、お見合いを経て結婚した夫婦は、結婚後にどのように関係を維持していくのか、次章で見ていく。

第五章　紹介型国際結婚の夫婦関係

序章に登場した玲は、日本に旅立ったが、そのあとの生活はどうなったのだろうか。本章は女性たちが国際結婚移住したあとの生活に焦点を当てる。とりわけ、夫婦関係に注目し、おもに女性側から見た夫婦関係に影響する要因を分析することで、いかにして紹介型国際結婚の夫婦関係が円滑に維持されうるのかを明らかにする。

5・1　夫婦関係の影響要因

紹介型国際結婚の夫婦関係が持続する場合、いかなる要因が作用しているのか。その分析のための準備作業として、最初に、一般的な夫婦関係の影響要因を確認する必要がある。

社会学の議論では、量的研究の観点から、夫婦関係の質に大きく関係するのは、夫婦間のコミュニケーションだとされている。たとえば、コミュニケーションを介する情緒的サポートの多寡は、妻の夫婦関係満足度と密接に関わっている（筒井 2008：Erickson 1993：稲葉 1995：末盛 1999：施 2000：竹下 1997）。とりわけ、育児期の妻においては、夫とのコミュニケーションが保障されないと夫婦関係の満足度が大きく低下し、その結果、精神的健康も悪化する（伊藤ほか 2006：平山 1999）。また、日本の恋愛型国際結婚研究の知見では、夫とのコミュニケーションに問題がなく、かつ夫が常用雇用者の場合に妻の結婚満足度が最も高くなるのに対して、夫とのコミュニケーションに問題があり、夫が自営業・自由業の場合に、妻の結婚満足度が最も低いという結果が示されている（竹下 1997）。このように、良好な夫婦関係が持続するためには、夫とのコミュニケーションとともに、夫の職業形態も重要な規定要因となる。

本章は、これらの研究成果を踏まえ、以下では紹介型国際結婚が、一般的な結婚といかなる点で異なるかに注目する。調査対象者のなかから三名の結婚移住者（女性）を選び、その婚姻経験を主要なデータとして扱っている。この三名は、筆者のリサーチデザインにもとづき、意識的に選択した。

このようなリサーチデザインをした理由としては、筆者が調査対象者にインタビューを重ねる過程で、国際結婚移住者に対する先行研究の「犠牲者」か「主体」かという二元論的な視点に疑問を抱くようになったことがあげられる。というのも、調査対象者の婚姻生活は時間の経過とともに大きく変化するにもかかわらず、先行研究はごく短期間のインタビューの結果を根拠に、調査対象者のある一時点の断片的な生活状況を恒常的なもの（犠牲者／主体）として一般化しがちだからである。そこで筆者は、長期間にわたり追跡調査をすることで、女性移住者の生活状況をより正確かつ多角的に捉え

表2　三人のプロフィール

		霞	玲	メイ
出身		中国東北部都市	中国東北部農村	ベトナム南部農村
学歴		短期大学卒	中卒	中卒
初婚		1997年20代 結婚前：会社員 結婚後：主婦	2009年20代 結婚前：アルバイト 結婚後：アルバイト	2005年20代 結婚前：無職 結婚後：農業
		台湾人夫：30代 大卒 会社員	日本人夫：30代 高卒 工場勤務	韓国人夫：40代 学歴不明 農業
		友達紹介	仲介業者紹介	仲介業者紹介
		2006年離婚	2014年離婚	2006年離婚
		子ども一人（共同親権）	子なし	子なし
再婚		2011年30代	2016年20代	2009年20代
		結婚前：会社員 結婚後：会社員	結婚前：アルバイト 結婚後：アルバイト	結婚前：無職 結婚後：主婦
		台湾人夫：40代 学歴不明 自営業	中国人夫：20代 中卒 アルバイト	中国人夫：30代 中卒 会社員
		知り合い	過去の交際相手	仲介業者紹介
		子なし	子ども一人	子ども一人

られると考えた結果、日本、台湾、中国という三つの調査地において、一人ずつの女性を主要な調査対象者として選出し、数年間にわたり追跡調査を実施してきた。このように国や地域を越えて事例を比較することによって、異なる社会環境が夫婦関係にどのような影響を与えるかを明らかにすることと同時に、個々の女性がどのように自らの行動を意味づけているかという個人の主体的な行為に注目し、紹介型国際結婚における夫婦関係のリアリティを描き出すことが可能になる。

とくに、これらの三人は、調査当初から長期間に及ぶ「追加調査」の許可が得られ、初回の調査後、追跡調査を何度か実施するなかで、実際に離婚と再婚を経験していることが判明した事例である。[42] このように三名の事例は、リサーチデザインをした当初の想定以上に、結婚後の夫婦関係が著しく流動化し、錯綜しているという点で、まさに先行研究の「犠牲者」か「主体」という二項対立的な視点を再考するのに相応しいものだと言えるだろう。

5・2 中国大陸から台湾へ結婚移住した霞

〈結婚〉

霞は中国東北部の大都市で生まれ育った一人っ子である。両親はともに国営企業に勤務していた。中学校の時に、レストランも経営するようになり、経済的に余裕のある暮らしだった。しかし、高校の時に、両親はレストランの経営の拡大に失敗し、離婚もした。母親だけと暮らすようになった霞は、背が高く綺麗なので、式典中のサービス業のアルバイトを始めた。月に4回の勤務で普通の人の1ヶ月の給料相当のバイト代がもらえるので、経済的に独立するようになった。

短期大学卒業後、航空会社のスチュワーデスの選考をパスしたが、そこには行かずに台湾企業に就職した。三年間働き、上司からも評価され、管理職まで昇進もした。その間に台湾企業の駐在員の妻たちとよく一緒に過ごして、台湾人の夫を紹介してもらった。台湾企業の管理層の駐在員たちは当時地元の人々よりかなり給料が高く、上層の暮らしぶりだった。夫は10歳ほど年上だが、会いに来る時に、いつもスーツにネクタイでかっこよかったし、来るたびに台湾の良さを熱く語った。「頼り甲斐がありそうな人だと思い」、結婚を決めて台湾に移住した。

霞が結婚したのは１９９７年だった。中国大陸と台湾は長い間断絶関係にあったが、１９９２年に『台湾地区と大陸地区人民関係条例』が作られ、大陸の配偶者が台湾に居住、定住することを許可し、両側の人々の往来に関する規定ができた。しかし、その規定には、大陸配偶者の定住までの道のりは長かった。結婚後の最初の２年間は親戚訪問になり、一回で３ヶ月、一年間最大６ヶ月までしか台湾にいることができない。三年目からは「居留」になるが、毎年３６００人の人数制限がある。居留になって２年後、ようやく定住の申請ができる。１９９７年から居留段階になると、就労権を持てるようになった。結婚後最初の２年間は、半年大陸、半年台湾の生活で、６年後にようやく台湾で働く権利を得られることを、霞は台湾に移住してから初めて知ったのである。

驚いたのはそれだけではない。夫は台湾の一番いいところに住んでいると話していたが、実際は、台湾の中部地方にある小さな都市だった。さほどの田舎ではないが、車がないと出かけることができないため、霞は当時、「自分は大陸の大都市から台湾の農村に来てしまった」と感じた。夫の態度も変わった。大陸にいた時はやさしかったが、台湾に来ると、「なんでも彼の言うことを聞かないといけなくなった」。

霞自身は大陸で早くから自立して、学校にいた時も勉強やスポーツが得意で、仕事も順調だった。実家ではお姫様のように扱われていたのに、台湾でなんでも夫に従わなければならないことをどうしても受け入れることができなかった。「子どもができれば、夫も変わるだろう」とひそかに期待していたが、「子どもの泣き声が聞きたくない」と言われるばかりで、一人で子育てする霞はますますプレッシャーを感じて、うつになりかけた。

当時、台湾では大陸との政治的な関係がよくなく、マスメディアは大陸の貧困や、大陸配偶者は偽装結婚で実際の目的は売春などというニュースがテレビで繰り広げられていた。一歩家から出ると、大陸訛りですぐ大陸人だと周りに気づかれ、「大陸のおうちは豚小屋の上に建てられているの?」「台湾ではいい暮らしができるでしょう?」など、偏見に満ちた話題や、答えようのない質問で声をかけられるので、家を出たがらなかった。就労権もなく、学歴も台湾では認められず、社会的に活躍できる場をまったく持つことができない台湾での生活は、「自分のすべてが否定されたような感じだった」という。

〈離婚〉

台湾に来て七年目、霞は「すべてを諦めて」家出をして、台北で働くようになった。台湾に来てからは家にいるばかりで「何も勉強しなかった」ので、アクセントやコミュニケーションの仕方などの台湾と大陸の言葉遣いの微妙な差に直面し、苦しむことが多かった。何度も失敗しながら、ようやく「フルタイムの営業の仕事」につけるようになった。

しかし、夫側は彼女が家を出てから、ずっと警察に失踪を通報していた。霞は在住地の警察署に何度も失踪を取り消しの手続きをしなければならなかった。そのあと、夫は同居の義務を果たさないとして離婚を言い出した。ある日、夫の通報で、霞は警察に違法滞在の移民を収容する場所に連れられていき、「大変怖い思いをした」。弁護士を探し状況説明をして、そこから出ることができた。夫との間のことをあまり人に知られたくなくて、周りに話さずに、一人で背負ってきたが、その日の霞は、今まで心に溜まってきたこの重荷をどうしても誰かに話したかった。仕事中に、同僚の一人との話の中で少しこの話題に触れたところ、「じゃ、教会に行こう」と誘われた。教会では退屈だったが、「そこから出ると、心の中の重荷が大変軽くなって、スッキリした感じだった」。その後、台中に戻って、夫と裁判所で離婚を協議した。もともと夫と大喧嘩になると思ったが、スッキリした霞はその日も冷静になることができた。夫の車に乗せてもらい、落ち着いて話ができた。夫は離婚しても、子どもを共同扶養にすることに合意してくれて、霞は引き続き台湾に住むことができた。

〈再婚〉

霞はそれから教会に定期的に通うようになった。筆者も一緒に教会活動に行ったが、小グループで家庭の中で集まって、誰かの悩み事の解決を一緒に神に願ったり、大きな教会の中で牧師の話や歌を聞きながら、自分の悩み事を涙ながら語ったりする感じだった。教会は、人に言えない悩みや暮らしの中の難しいことなどの発散の場になり、人に支えてもらう場にもなっているようだ。

霞は離婚後、台北で営業の仕事に就き、言葉なども台湾訛りになっていた。「振り返ってみると、もし、その時（結婚前）に、台湾の政策や社会、文化などを知っていたら、まず、最初から結婚相手に前の夫を選ぶことはなかっただろう。あるいは、もっと夫の環境に適応しようとした。いろいろ知らなかったし、就労権もなく社会で学べる場もないので、お互い衝突するばっかりだった」と語った。離婚後、台湾社会にすっかり溶け込んで、大陸配偶者というラベルを剝がすことに成功した霞は、2011年に再婚した。相手は同じ教会に通っている台湾人男性で、会社をクビにされて借金があった。霞は一緒に借金を返済し、小さな店を作ることを手伝った。二人は結婚手続きをする前に、教会が実施している婚約カップルのためのカウンセリングに参加した。そこからやはり自分の努力が大切だとわかったという。今の夫は毎日料理をしてくれて、二人はよく一緒に映画を見に行ったり、たくさんの話をしたりしている。「相手の良いところを見ようとすると、見方が変わってくるし、自分から変わろうとしたら夫も良い方向に変わってきた」と2013年に霞と再会したときに、そう語っていた。

5・3　中国から日本へ結婚移住した玲

〈結婚〉

玲は日本や韓国への結婚移民が多い、中国東北地域の方正県出身である。中学校の卒業後、出身地近くのより大きな都市に働きに出たが、結婚の話があって地元に戻った。玲は結婚のことでずいぶん悩んでいた。当時、付き合っていた同じ地域の出身の彼氏がいたが、彼の実家は彼女よりも田舎にあり、経済的に厳しい家庭で、彼自身も中卒でアルバイトをしていた。玲のまわりには日本人や韓国人の男性と結婚して移住する人が多く、そういう人たちは帰ってくるたびに、おしゃれになり、持ち物や金回りがよくて、あちこち旅行しているという話をしている。玲は羨ましい気持ちがなくもない。しかし、一度友達が韓国人とのお見合いをするときに、一緒について行ったところ、友達も玲も男性たちに選ばれた。友達は結婚に同意したが、玲は「彼氏のことが気になって」、断った。その友達は、結婚後いよいよ韓国に出発しようという時に、玲に電話してきた。友達は電話で泣き崩れて、「絶対国際結婚しないで。幸せになりたいなら残ってね」という言葉を残した。玲はそれを聞いて、国際結婚を諦めようとした。

しかし、両親は心配していた。玲と彼氏は二人ともただのアルバイトで、結婚後は大丈夫か。「彼が結婚後の生活に対して、何か保証できるなら、結婚に同意する」と話した。そこで、玲は彼氏に「親の前で私たちは幸せになると約束して」と促した。しかし、彼は、「アルバイトだけをしているのは事実だから、どうやって約束ができるのか」と返し、両親と会うのを拒否して、別れようとした。玲は失望して、国際結婚の道を選び、25歳のときに、日本人と結婚することになった。

筆者が玲と初めて会ったのは、結婚式をあげた後、日本語を習いながら、ビザを待っていた時である。毎日、日本にいる夫と電話で話して、手紙も書いていた。町の中心部から一緒に玲の実家に行った時、私たちは玲の元クラスメートの男性の小さなタクシーに乗っていた。元クラスメートの男性は、両親が離婚して、母親が韓国人と結婚し、韓国に住んでいる。いまのタクシーも母親の送金で買った。

彼女を探していて、外国に行った女性とも付き合ったりしているが、なかなか結婚が決まらなくて悩んでいると玲に話した。クラスメートも結婚のことで悩んでいるようだった。

玲はその後、無事に日本に来た。夫が用意したのはマンションの狭い一室で、中国の実家よりだいぶ小さかった。日本に到着した次の日に、夫とともにいろいろな手続きをしに行ったが、窓口で何を聞かれてもわからずに、夫の会社の名前も言えず、「変な目」で見られていると感じて「とても恥ずかしかった」という。中国にいた時はなんでも自分でこなせたのに、ここではどんなに小さなことでも夫の同伴が必要で、ショックだった。また、物価も高くて、中国では毎日たくさんの果物を食べる習慣があったが、ここでは存分に食べることができない。

玲の夫は30代後半で、高卒で工場勤務だった。会社の中で何人もの同僚が中国人女性と結婚しているので、玲の夫も仲介業者を通じて結婚した。玲と結婚できたことで、家族とともに大変喜んだ。玲が日本に来てから、新婚旅行をして、あちこち連れていった。給料はあまり多くないが、ブランド鞄などもプレゼントした。

玲はこのブランド鞄について、「とくにブランド品が好きというわけではないんだけど、ある種の安心感、もしもある日何かあったら、これを売って、帰国の航空券が買えるから」と冗談まじりで笑いながら言った。

この安心感は玲にとって大切なようだ。日本に来たばかりのときは、いろいろなことに戸惑い、すべてを夫に依存しなくてはならなかった。買い物やお遣いなど、すべてのお金は夫からもらう。ビザの更新も夫に依存しないといけない。何からなにまで心細かった。

来日一年後、玲は働き出した。掃除という若い自分が中国にいたときなら決してやらない仕事だが、一年間がたっても、日本語力が想像したように伸びることなく、良い仕事につけなかった。近くの日本語教室にも通っていて、同郷の中国人妻Rと友達になった。玲が働き出して、友達もできた後に、筆者がまたお家を訪ねると、玲は話も増え、夫にも冗談を言ったりして、元気な姿を見せていた。

Rは玲の一番の親友になった。彼女は玲と同じ歳で、玲よりも前に来日しており、アルバイトもしていた。二人とも若い頃に言葉の通じない外国に来ており、その苦労をお互いよく分かり合えた。Rは20代に入ったばかりの時に母が病死し、まわりに外国人と結婚する人が多く、自分も憧れて結婚で来た。来たあとに、無力になったことを苦痛に感じて、中国に帰って、もう日本に戻りたくない思いが何度もあったが、日本語もなんとか話せるようになり、バイト先でもみんなと仲良くしており、認めてもらえるようになった。二人は、「自分で稼いだお金で洋服を買っておしゃれ」をして、百貨店をまわり、カラオケに行って楽しんでいた。「夫と喧嘩したら、こんな外国で少なくとも行く場所があるのは大事」と話し、友人のRはとても大切な存在だ。

玲は毎年中国に帰省している。来日から三年後、玲、Rと筆者は同じ時期に中国に帰った。玲は、実家では両親に甘えられて、大変幸せという。「お母さんと一緒にお父さんのバイクに乗って、自分が（ふたりの）間で話して笑いながら出かける時に、本当に幸せ。こんな暖かい家族がいると思うと、日本でどんな辛いことがあっても気にならなくなる。お母さんは、自分を日本に送ったあと、すぐに涙が出たって。わたしの写真を見て、娘が写真から出て来て、抱きしめることができたらと思ったって」。そして、玲は毎年帰省すると、必ずお土産をいっぱい持って仲介業者のところに挨拶に行く。その年は筆者も同行した。仲介業者は筆者に地元の変化や、自分の仕事が激減していることを話し、三歳の娘に中国語と日本語の両方を教え、絵画教室にも通わせているという。いろいろなことを身につけて、夫だけに依存せずに、将来多くの選択肢があるように育てたいという。玲は日本での生活ぶりを話し、地元に帰ってくるともう慣れないと話した。日本と比べ、ここはホコリが多く、みんなの話し声が大きくて、サービスもよくないという。

そのあと、玲と一緒にRが購入したマンションに遊びに行った。Rは日本でアルバイトを始めてから、弟の学費を払ったり、父親に生活費を渡したりするようになった。「その時は、本当に自分には何も使わずに、全部家族に使った。だから、今、家でわたしの言うことをみんなが聞く。でも、これからはもっと自分に使いたい」。Rの父親は再婚した。Rはお金を貯めて、新しいマンションを買ったが、父親たちを住まわせたくない。母親の苦労を考えると、父親の再婚をまだ受け入れられない。母親のお墓参りをしたときに、自分は頑張ってきれいなマンションを買うこともできたけど、もう母はそこに住むことができないと大泣きしたという。

「女性にはやはり安心感が必要だ。この家もその一つ。自分のマンションがあって、うれしい。誰をここに住まわせるのかも自分で決められる」というRの話に対して、玲もうなずいて、「自分も頑張らないと」と言った。街を歩くと、彼女たちのファッションなどから、外国に住んでいるとすぐわかるので、不動産を購入しない？ などとセールスが来ることもある。

中国でリラックスして楽しんだ玲とRは、日本に戻ると、家庭のこととアルバイトのことで忙しい日々を過ごすことになる。結婚して4年目のある日、突然玲の夫から筆者へ電話がかかってきた。「最近、玲ちゃんは全然笑顔を見せない。僕は口数が少なく、それがいけないと知っているけれど、いつも怒っているようで、どうしてかな」という相談内容だった。玲に聞いたら、バイト先でいじめにあったらしい。それを夫に話しても理解してもらえない。そして、玲は打ち明けてくれた。「わたしたちはここ何年間ずっとセックスレスだ。子どももできない。日本に来たことを後悔している。ここではただの機械みたい、毎日忙しく働き回るだけ」。今回いじめにあったことで、すべてが爆発したようだ。

その後、この落ち込んだ時期に中国の家族と頻繁に連絡をとり、玲は精神的に支えてもらった。そして、昔の友達とも再び連絡が取れるようになった。国際結婚しないでと言ってくれた友達ともやり取りするようになった。韓国でもうすでに子どもが二人いると聞くと玲は驚いた。「あなたもやっぱり来たね」と言われて、二人で苦笑いしたという。

そして、前の彼氏とも連絡がついた。彼もこの数年間でいろいろ経験していた。ビジネスを始めたが、うまくいかず、友達の紹介で韓国の建設現場で2ヶ月ほど働いたこともある。言葉が通じずに、毎日の仕事が大変で、差別も受けた。だから、玲の気持ちもよく理解できるようになっていた。二人は毎日話をして次第に元の関係に戻りたいという気持ちが出てきた。

玲はとうとう離婚した。玲の前夫は離婚後、筆者に「最後のわがままを聞いてあげた。まだ日本にいるみたいなので、たまに会ってあげてください」と言った。

筆者は中国の玲の地元で行われた玲と元彼の結婚式に参加した。司会者が式中に、「知り合ってから10年間が経ったお二人。この10年間の間でさまざまな大変なことがあったが、めぐり逢えたお二人のご縁と今後の幸せを祝福する」と話していた。

最後に電話したときには、玲はすでに妊娠しており、二人はいろいろと準備しながら赤ちゃんの誕生を心待ちしていた。

5・4　ベトナムから中国へ結婚移住したメイ

〈結婚〉

筆者が中国東北地域で初めてメイをインタビューした時、メイは中国人の夫と結婚して3年が経ったところで、中国語で上手に会話ができていた。娘が一歳半で、すくすく育っていた。メイが嫁いできた時には、もうすでにたくさんのベトナム人妻がいたので、メイは毎日子どもを抱いて、ほかのベトナム人妻たちと出かけ、おしゃべりや買い物をして過ごしている。メイはベトナム南部の出身で、出身地では外国人と結婚する人が多い。姉も韓国人と結婚して韓国にいる。実は、メイも韓国人と結婚して韓国に住んだことがある。

メイは韓国人の夫と結婚する前に、交際していたベトナム人男性の相手がいた。同じ歳で「なかなかかっこいい男性だった」という。しかし、父親が反対して、代わりに町の中心部に在住する四歳年上の男性との婚約を勧めてきた。メイはその婚約を拒否したので、父親との関係が悪くなり毎日喧嘩ばかりしていた。「もう親とは会いたくない」と思い、韓国人と結婚した姉が利用していた仲介業者に連絡した。その後、メイが実際にお見合いに参加してみると、「外国人」の男性たちから一方的に選ばれることしかできず、自分の「選択の余地」がなかった。そして、ようやく韓国人の夫に選ばれた時、「とにかく遠くに行こう」と決めて結婚した。後でわかったのだが、韓国人の夫には一度離婚歴があった。前妻は中国朝鮮族の女性で、その女性は結婚後すぐに逃げ出した、ということだった。

〈離婚〉

メイは韓国人男性と結婚して韓国に移住したが、一年未満でその家から逃げ出した。韓国の嫁ぎ先は農村で、義理の両親と同居の上、毎日農作業を強いられた。一方、夫は40代で頭に病気があり、農作業を全くせずに、ただテレビを見るだけだった。「みんな私に優しくなかった。毎日とても疲れて疲れて大変だった」。

毎日ひたすら耐えていたメイは、とうとう逃げだした。友達の助けで働きに出たが、ベトナムの実家にいたときは全く働いたことがないメイは、工場の仕事に慣れるまで時間がかかった。そのうち、ビザも切れるので、ベトナムに帰国することにした。ベトナムに帰国する前、彼女は夫に電話して、離婚手続きを進めた。離婚の書類は姉のところに郵送してもらった。「そのときは、配偶者ビザで2年間たてば、永住ビザが取れることを知らなかった。知っていたら、2年間我慢したと思う」。

ベトナムに帰ったメイは、韓国で稼いだお金で家を建て、土地も買った。家を建てるときに、実家の両親も費用の半分を出してくれた。近所の人たちから韓国人の夫はどう、韓国ではどのぐらい儲けるかなどといつも聞かれるので、メイは失敗して帰って来た自分のことをみんなが笑っているように感じた。

またメイは、韓国で働く間にインターネットで知り合ったベトナム人男性と、電話を通じてつき合っていた。その男性の姉はアメリカにおり、彼の仕事もデザイン系でなかなか給料が良かった。携帯電話やアクセサリーなどのプレゼントを送ってくれて、話も上手で、毎日電話でたくさん楽しく話をしていた。しかし、ベトナムに帰って、実際に会うとすぐ別れてしまった。「本当にびっくりした。わたしよりも背が低く、太っていて肌がとても黒い。怖かったよ。もらったものを全部返して、かかってきた電話もとらないようにした」。

そのときには、もう28歳になっていた。地元ではもう結婚適齢期を過ぎている歳で、「外国人との結婚で失敗して帰ってきた人」だと知られていたため、結婚相手が見つからなかった。再び仲介業者のところに行くと、中国東北部に連れられて、実際にお見合い相手の家や家族の様子を見て、結婚を決めた。

中国の嫁ぎ先でも義理の両親との同居だが、両親は家事と料理を全部してくれて、メイは子育てだけに専念すればいい。「ここは確かに豊かじゃないし、環境が全然よくないけれど、でもこの家族はやさしい。韓国にいた時と全然違う。韓国にいた時は、何事でもまず姑に聞かないといけなかった。ご飯も先に彼らが食べる。外出する時に、まず姑に許可をもらわないといけなかった。いろんな礼儀があって、ちゃんと守らないといけなかった。でも、ここは全く逆。孫が一番、それから子ども、お年寄りが最後。いいものがあれば、まず孫や子どもに。朝、いくら寝坊しても何も言われない。夫もカードや給料を私に渡して、お金は好きなように使っていいと言っている。私が出かける時には、義理の両親が子どもの面倒を見てくれる」。夫の両親は、娘が二人とも外国に嫁いでおり、長男の嫁は地元の女性だがあまり仲がよくないので、メイのことを可愛がっている。

実家の両親は、「もし中国の生活が良くないなら、いつでも帰ってきていいと言ってくれた」。実家には家も土地もあって、子どもの面倒も見てくれる。しかし、メイはいまもう慣れてきた。帰っても周りにいろいろ言われるし、何よりいまの夫と家族はやさしいので、ここで暮らしていくつもりだった。それでも悩みがないわけではない。働きたいけれど、給料が低く、いじめもあるので、経済的にはなかなか自立できない。子どもがもう少し大きくなったら、機会をみていずれまた働きたいと考えていた。

しかし、その後メイが子どもを連れてベトナムに帰っており、ベトナムで働き出して「もう中国に戻らない」と決心していることがわかった。筆者がメイに最後に会ってから、彼女の中国での暮らしには様々な変化があった。姑が病気で亡くなり、舅が再婚したこと、メイは義理の両親との同居から核家族で小さなマンションで暮らすようになったこと、それに夫の仕事がうまくいかず、失業してゲームに没頭するようになったことがあげられる。この一連の変化が彼女の帰国する要因となったことは間違いがない、と考えられる。

5・5　国際結婚移住女性が直面した「壁」

5・5・1　霞——「制度の壁」との衝突

まず、霞の事例を、玲及びメイと比較すると、非常に皮肉な結果が明らかになる。霞は3人の中で学歴が一番高く、結婚前にはホワイトカラーの管理職であった。また彼女は、都市部生まれの一人っ子で、実家も他の二名よりもずっと豊かである。加えて霞の前夫は台湾人であり、台湾での日常生活では言葉を通じ合うことができた。それにもかかわらず、霞の結婚満足度は非常に低いと言わざるを得ない。それは霞が「家出」をするまでに、「社会」とまったくつながりを持てなかったことに関連している。

まず、霞が結婚した当時、大陸出身の配偶者の場合、台湾では大陸での学歴が認められず、結婚後、6年間は就労の権利を持つことができない、という差別的な社会制度が存在していた。加えて霞の場合、台湾で言葉が通じるがゆえに言語教室に行く必要がなく、玲のように日本語教室で人と知り合う機会もなかった。さらに、霞の居住地は大陸配偶者の集住地域でもなかったため、メイのように同じ国の人とのネットワークも構築できなかった。このように、霞は、結婚当初は台湾社会で自分を証明することができず、「大陸配偶者」というスティグマを払拭できない状態にあったと考えられる。

霞の事例は、国際結婚による移住者の場合、社会制度が夫婦関係に大きな影響を与えることをよく表している。シンガポールにおける大陸配偶者の研究でも、国際結婚による移動後は「上昇婚」となるどころか、人生が停滞してしまい、市民権を取得することしか解決策がないというような苦境に陥ることが報告されている（Zhang et al. 2015）。霞は、そのような状況に陥った結果、夫との関係が著しく不平等になり、夫に対して親密な感情を抱くことができなくなり、やがて「家出」をすることになった、と考えられる。

だが、霞は就職後、職場のネットワークを通じて、教会という「心の拠り所」を見つけることができ、再婚後は良好な夫婦関係を築くことができた。霞は再婚時には、すっかり台湾社会に溶け込み、再婚相手を助けるほどの経済力も持つようになった。従来の家族社会学の議論において、男女の経済的条件を均等化することは、カップルの形成や関係性の持続を促すことにつながると指摘されているように（筒井 2013）、霞が働き始めたことは、夫との間の対等なコミュニケーションや親密な関係を促進する役割を果たしたと考えられる。実際に霞自身も、「もし最初から社会に出ることができたら、もしかしたら離婚しなかったかもしれない」と語っている。

5・5・2　玲――「社会の壁」との衝突

一方、玲は、来日当初から、制度的に就労する権利が保障されていた。しかし、玲の場合、労働といっても非正規雇用のアルバイトしかすることができず、霞のように職場を通じて、社会と有効なコミットメントを構築することができなかった。むしろ、アルバイト先でいじめを受けることで、社会との隔たりを感じていた。とくに、結婚移住女性に対するいじめは、日本人既婚中年女性の「相対的剥奪」の表れであり、つまり、「日本人どうしであれば、既婚女性の就労先は学歴がどうであれ、同一労働同一賃金が約束されるパート就労である。みな同じという境遇に耐えられても、その『みな』に外国人女性が入ると、〈均衡〉が崩れる」（嘉本 2014：27）とあるように、結婚移住女性に対して日常的に「心の壁」を形成させてしまう恐れがある。玲の場合はまさにそうであり、アルバイト先で有効な社会ネットワークを構築できなかったことから、日本で暮らす自分のことを「ただの働く機械」のように感じてしまった、と考えられる。また、玲の場合、日本語教室で自国人とのネットワークができたが、それ以外の場面では冷遇された。それに、夫との間に性的関係が欠如していることも離婚の要因の一つになった。筆者がインタビューした一人の仲介業者は、「性的関係は夫婦関係の7割を占めるほど重要なファクターである」と強調し、「性的関係がうまくいかない場合、破綻するケースが多い」と語った。さらに、職場で受けたいじめなどを夫に理解してもらえなかった結果、最終的には中国に帰国し、以前に交際していた人と再婚したのである。

5・5・3　メイ――「経済の壁」との衝突

メイの場合、初婚の時は嫁ぎ先で農作業を強いられ、夫とその家族との間に良好な関係も持てず、そこからすぐに逃げ出すことになった。再婚した中国の嫁ぎ先は農村地域で、経済的な余裕がない世帯も多く、メイが働ける場所もほとんどなかった。しかし、中国での「下行式家族主義」、つまり、祖父母世代と親世代の生活の目標と意義は、孫世代の幸福と成功にあり、家族の資源、関心、ケアは全部下の世代へ投入することによって、祖父母世代と親世代は、第三世代のために、日常的な交流を通じた情緒的な絆を築き、親密的な関係を構築する（閻 2017）というように、メイは夫の両親と同居することで、家事や育児の手伝いをしてもらうことができ、ある程度の親密な関係を構築することができた。また、家族との良好な関係によってメイの中国語は短期間で上達し、親戚付き合いも順調にすることができていた。このように、夫の家族との良好な関係が夫婦関係に良い影響を及ぼした、と考えられる。

しかし、その後、メイの姑が亡くなり、舅が再婚し、夫が失業した後、彼女は子どもを連れてベトナムに戻り、生活のためベトナムで働き始めざるをえなくなった。メイは、当初は夫を含む家族や親族と親密な関係を持つことができたが、夫の失業により家族関係が破綻することになった。このように、メイの事例から明らかになったのは、家族や親族関係だけに頼る結婚関係は、きわめて脆弱なものだということである。

5・6　親密性と社会統合

以上、本章で取り上げた三名の女性の結婚と再婚の過程からは、紹介型国際結婚については、一般の結婚と同様、女性側の夫婦関係満足度は、夫婦間の親密な関係によって大きく規定される、ということが明らかになった。つまり、これまで国内の婚姻関係について、広く家族社会学者が指摘してきたように、紹介型国際結婚においても夫婦間の親密な関係、言い換えれば、結婚から得られるメンタル・サポートの効果が、人々の幸福度に大きな影響を与えている（筒井 2008）、ということが明らかになった。

こうした本章の知見を整理し、考察する際に重要になるのが、「親密性」に関する議論である。言うまでもなく従来の社会学の議論では、「恋愛関係」や「結婚関係」における感情や情動のあり方は、しばしば「親密性」の変容として説明されてきたわけだが（Shorter 1975：Giddens 1992：筒井 2008、落合 2012）、本章でも、こうした夫婦間のコミュニケーションをはじめとする情緒的サポートおよび性関係のことを、「親密性」と呼ぶことにしたい。すると、紹介型国際結婚をした彼女らが追求しているのは、夫との親密性からメンタルサポートをもらい、幸福を感じることであり、こうした「親密性」を形成し継続していくことこそが、紹介型国際結婚の持続要因であると結論づけられるだろう。

結婚して異国に国際移住した女性たちは、何より夫からのサポートを必要とする。事例にあるように、彼女たちは、異国での育児の大変さ、社会でのいじめ、他の家族メンバーからの圧力と不理解などに直面する際に、夫の協力が不可欠である。また、夫婦間の親密な関係の構築に、性関係も重要な要素となっている。

しかし、同時に本章の事例からは、実際にこうした婚姻関係を達成することは決して簡単ではない、ということも明らかになった。なぜなら、紹介型国際結婚の場合、結婚を契機として初めて国際移動が生じるため、出身地で評価されていた本人の資質（学歴等）や、本人が有していた権利が、受入国では「無化」されてしまうからである。

一般的には「婚姻とは対等な二者間の契約によるもの」とされているにもかかわらず、実際には結婚相手が「外国人」の場合、しばしば外国人配偶者の権利は制限され、「夫婦間の不平等」が増幅される（Williams 2010: 6）。加えて、国際結婚移住者は、「配偶者」というカテゴリーで入国することになるため、その主たる目的は「妻」や「母」の役割を全うすること、すなわち、「再生産労働」に従事することだと暗黙のうちに期待されている（Friedman 2010）。とくに東アジア諸国においては、国際結婚をした妻が、夫や子どもに依存して市民権を獲得するという「家族市民権体制」（安里 2014: 640）が形成されているため、こうした体制のもとでは、夫婦間の不平等はさらに強化されてしまう。

これらの不均衡を是正するには、国際移動した女性が、受け入れ先の社会に対して有効にコミットメントすることができること、すなわち、受け入れ社会との「制度的な壁」（霞）、「社会的な壁」（玲）、「経済的な壁」（メイ）を解消していくことが必要になる。言い換えれば、国際移動した女性を受け入れる社会で、政治・文化・経済の各側面から多層的に「包摂」し、「社会統合」する視点（Alba and Foner 2015）こそが、不可欠ではないだろうか。

本章の知見が明らかにしたように、たとえ受け入れ国の男性と結婚し、その家族の成員になったとしても、政治的・経済的な諸権利が認められていなければ、社会とのつながりを構築することがきわめて困難になる。また、言語が通じても、あるいは、たとえ永住権を取得することや帰化により、制度的に社会参加の権利を有するようになっても、受け入れ社会との間に「社会の壁」がまだ存在するかもしれない。さらに、結婚移住者がもっぱら嫁ぎ先の家族に経済的に依存していると、嫁ぎ先の家族に問題（死別、失業等）が生じれば婚姻関係は不安定にならざるをえない。そのため、紹介型国際結婚の移住者に対して、市民社会による包括的で多層的な社会統合を目指す取り組みが、結婚移住者本人にとってはもちろん、その家族や社会全体にとっても重要だと考えられる。

最後に、本章が紹介した3人の事例は、婚姻状況のどの段階に焦点を当てるかにより、「犠牲者」としても「主体」としても見てとることができよう。そのため、本章における紹介型国際結婚研究の知見は、従来の二元論的な視点を乗り越えて、国際結婚移住者の社会統合問題という新たな研究領域を開拓するための出発点になりうる。また、今後、こうした社会統合という観点から婚姻関係を分析する視点は、一般的な結婚を対象としてきた家族研究においても応用可能だと考えられる。

終　章——越境する親密性

調査対象の玲と２００９年に最初に会った日のことは、今でも鮮明に覚えている。その日は、玲と玲の日本人夫、玲の結婚を紹介した仲介業者と従業員とともに夕食をとった。日本人夫は結婚式後に日本に戻ったが、玲に会いたくて、また中国に来ていたのだ。二人は彼が日本から持ってきたピンク色のお揃いのＴシャツを着ており、食事中はずっとくっついて笑顔でいっぱいだった。乾杯の時に、玲はお酒が飲めないと少し困った様子になり、それを察した日本人夫は玲のかわりにお酒を一気に飲み込んだ。玲は日本語で「ありがと」と言って、嬉しそうだった。日本人夫は、「前回妻の両親からキクラゲや塩漬けアヒルの卵（中国東北地域の特産品）をいっぱいいただいて嬉しかった」と、「自分の両親も妻が日本に来るための準備をいろいろしていて、とても楽しみにしている」と話した。また、筆者に、「日本食で最初何が食べられなかったか」などを聞き、これから日本で妻と一緒に暮らすときに気をつけたいと言った。一方、筆者が玲に日本に移住後のことを聞くと、「会ってまだ短いし、日本に行った後のことはまだ何も考えていないが」と不安を隠さなかった。それでも、食事の後の帰り道で、二人はずっと腕を組み、まだ会って三回目には見えないほど、夫婦として親密的に見えた。

この親密性は、いったいどのように紹介型国際結婚の形成・発展プロセスにおいて構築され、結婚後の生活において維持されていくのか。本研究はこうした問いに答えようとしたものである。終章において、再び玲の結婚を振り返りながら、これらの問いへの回答を述べていきたい。

玲と日本人夫との結婚は、まず国家間の歴史や制度に規定されている。序論で述べたように、玲は日々外国への移住に関する情報に巻き込まれていた。それは、玲の出身地域は、日本との間に親族ネットワークが存在しており、それを通じて国際結婚移住が行われているからである。玲の出身地域を始めとする東アジアでは、歴史的に形成された国境を越える親族ネットワークがある一方、国境を越えた両側は親族でありながら戸籍や国籍上の他者となっている。この親族の他者化が紹介型国際結婚の形成につながった。さらに、国家間の経済格差、および東アジア間の移住政策により、紹介型国際結婚は重要な移住方式となり、市場化され発展した。そして、東アジア各国の社会経済発展および移住に対する制度の変化、仲介業者の国境を越える連携、および国際結婚で移住した女性たちによる家族への経済的な支援などによって、紹介型国際結婚の越境連鎖が生じ、新たな結婚移住の流れが作り出されていた。紹介型国際結婚による越境移動の持続と連鎖は、もはや二国間に限定されるのではなく、多国間に広がっている。

このような背景で形成された紹介型国際結婚は、国家間のヒエラルキーに基づく男女の間の不平等、情報の不十分が特徴的である。つまり紹介型国際結婚において成婚することは、不平等の中で、男性、女性、仲介業者の三者の交渉プロセスである。お見合いの場という表舞台では、男女の出身国の間のヒエラルキーが再生産されており、男性側の権力を示す場となる。一方、チームとしての舞台裏は、仲介業者が中心となって、同類、腹心、訓練スペシャリストの役割をして、成婚に導く。また、個人としての舞台裏では、お見合いに参加する男性と女性たちの仲介業者に対する疑問や、紹介型国際結婚の問題点や世間の偏見を認識しながらも、それを選択しようとするアイデンティティが表れている。国際結婚はそれぞれの社会でスティグマを持つ男性と女性が、「常人」に越境しようとするときの戦略である。「常人」になることとは、つまり親密関係を持ち、婚姻関係が幸せで持続することである。玲と日本人夫が食事の際に見せた「親密的な関係」は、まさに二人の結婚や夫婦に対する理想的な姿なのではないだろうか。会って三回目で、お互い言葉が通じない中、そのような親密的な関係の演出は、彼らがこの結婚をすることによって達成しようとしている夫婦の姿である。

しかし、本論で述べたように、玲が日本に移住した後の状況、および離婚した結果を見ると、国際移住が伴う結婚の場合、実際にこうした彼らが追求している「理想的」な婚姻関係を達成することは簡単ではないことがわかる。なぜなら、夫婦間の親密な関係は、夫婦間だけではなく社会も影響しているためである。

冒頭で描いた会食で、玲の夫側が両親とともに玲の来日を大変楽しみにしているのと対照的に、玲は移住後のことに対して「何も考えていない」と言った。それは、男性側は結婚後、家庭に入って来る妻を想像するが、女性側にとっては、出身社会の家から嫁ぎ先の家に移動するだけではなく、出身社会から移住先社会に移動することでもあるので、女性は移住先社会の中の夫婦を想像しなければならない。それゆえ、結婚後の夫婦生活に対する不安の程度が違うとともに、結婚後の夫婦関係もこの夫側と妻側の相違する考え方の交渉に影響される。「何も考えていない」というのは、移動先の社会において自分はどのような生き方をして、社会に認められるかどうかなど、具体的な生きる姿が考えられないからである。結婚を通して家族に入って初めて異国に移住する資格を得るが、家族に入ったからとはいえ、社会に十分包摂されるとは限らない。移住後の夫婦間の親密性の維持は、移住する女性の社会に統合される度合いと大いに関係し、紹介型国際結婚は個人、家族、国家とつねに関わっているのである。

本研究は、東アジアを中心に、戦後、国境線が引き直され、冷戦を経て、各国や地域が再び交流し始めた時に生じた紹介型国際結婚という現象の形成や実態を検討してきた。これを通じて見られるのは、近代、国家、社会変動と親密性との関係なのではないだろうか。

これまでの近代化や親密性の理論は、どちらかというと国民国家を単位としている。本研究は、越境した家族や移民を対象にしている。東アジアの場合、国家が近代化している時に、外への移民を生み出し、また、国境線が変更されたりする時に、親族の分離や他者化など親密圏に影響を与えた。一方、人々はこの越境するネットワークを利用し、親密関係を求め家族を形成したり、家族を越境移動させ、ビジネスを起こし、アイデンティティの再構成を試みたりしてきた。さらに、このような越境の家族は移動後、親密関係がまた受け入れ国の政策の影響を受け、左右されることになる。

本研究が見出したのは越境する親密性である。越境する親密性は、つまり平等ではない関係における親密性のことだ。本研究が取り上げた紹介型国際結婚に示されているように、親密性は成婚プロセスにおいても結婚後の生活においても重要な要素となっている。しかし、この親密性は国家間の格差、制度、社会に強く影響され、状況に応じて変化している。

序論で紹介した中国東北部出身の中国人女性玲は、２００９年に仲介業者を通じて日本人夫と結婚してから10年以上がたった。玲が日本に移住した2年後に（２０１１年）、実兄はベトナム人女性と結婚した。さらに4年後（２０１５年）、玲は日本人夫と離婚し、兄のベトナム人妻も、３歳の子どもを残してベトナムに帰ったきり戻ってこなかった。当時玲の国際結婚を仲介した業者も２０１２年に仲介の仕事をやめた。現在、日本や韓国、台湾では紹介型国際結婚の成婚数が激減してきている。それは、各国が女性の結婚移住の流れを制限するようになった上、近年の東アジア間の観光や労働移動の規制緩和などによる越境移動ルートの多様化、各国間の経済格差の縮小などの要因が影響しているだろう。アジアの戦後とも言える一つの時代が終焉していると感じられる。国境を挟んでも、観光などの直接接触できるルートが増えれば、紹介は不要である。今後は、恋愛結婚が主流になるだろう。

しかし、紹介型国際結婚が減ったことは、決して東アジア各国の独身者が減り、結婚に関する問題が解決されることを意味しない。ただ、本研究の知見から見れば、個々人が社会に十分統合されれば、より純粋な親密性を追求することができるだろう。

注

1　アメリカに移民した男性と日本にいる女性との一般的な「写真結婚」の進め方は、まず、先にアメリカに移民していた日本人独身男性が、信用できる故郷の知り合い、仲人、親戚、親などに自分の写真と履歴書を送り、自分に合いそうな女性を探してもらう。適当な相手が見つかり、双方の家が了解したところで女性の写真や履歴書などをアメリカにいる男性に送る。こうして写真、手紙の交換によりお互いの意思を確かめたのち、女性の籍を男性の妻として男性の家の戸籍に入れ、男性不在のまま日本で結婚式を挙げる。アメリカの夫は現地の日本領事館に呼び寄せ証明の発給申請を行い、その証明を日本に送る。そして女性側がそれを地方庁へ持参し、旅券交付を出願する。地方庁から渡航許可が下りてから、「花嫁」は夫の待つアメリカに渡る。到着した土地の移民局で初めて顔を合わせた「妻」と「夫」は、ほかに到着した「写真花嫁」とその夫たちとともに集団結婚式を挙げ、その後晴れて入国が許される（柳澤 2009：54）。そして、渡航婦人講習所が設立され、アメリカの生活様式を擬似体験しながら、模範的な在米日本人家庭のあり方について、学ぶ仕組みが存在していた（田中 2007：311）。

2　アメリカと紳士協約が締結された１９０８年頃から、「写真花嫁」呼び寄せが増加し、在米日本人社会および日本政府により廃止された１９２０年までの期間に、７０００人から１００００人の「写真花嫁」が、アメリカに入国したと推定されている（田中 2007：303）。当時、結婚は男女の愛情の結びつきであり、個人の意思によるものであるとする結婚観が支配しているアメリカでは、彼女たちは「愛のない結婚をした」として好奇の目で見られ、日本人移民排斥運動に利用されることになった（柳澤 2009：49）。

3　現在の中国では「満洲国」の正統性を批判する意味をこめて「偽満洲国」と称されることが一般的である。本論文においては「満洲」という呼称が出る箇所があるが、それはあくまで歴史的呼称として使用しているため、「満洲」という言葉には括弧をつけて使用する。

4　当時、日本において「満洲」移民事業は国を挙げて推進された。大人主体の移民団である一般開拓団と、青少年移民団という義勇隊開拓団が結成され、この二つの開拓団の団員と結婚した女性たちのことは「大陸花嫁」と呼ばれた。大陸花嫁の多くは、写真花嫁と同じく写真だけで、挙式の時まで相手の顔も知らないまま結婚した。また、大陸花嫁の募集、訓練機関も存在した。「満洲移住協会」が花嫁を募集し、海外婦人協会が花嫁訓練所を設置し、拓務省、農林省、文部省の各省も協力して花嫁１００万人送出計画を樹立した（陳野 1992）。昭和の初期、大陸の花嫁が登場した期間はおよそ10年間で、その数字は残されていないという。大陸花嫁の一人として、小学校卒で紙漉

5　き女工をしたあとに、好きな人との結婚が叶わず、同じ村の満蒙開拓青少年義勇軍の一人と結婚して、「満洲」に渡り、敗戦後、「満洲」から引き揚げられ、離婚したというような自伝文学が残されている（井筒 2004）。戦後は、混乱期の人口問題の解決策として再び海外移住が取り上げられ、国策としての移民が再開されたのに伴い、1954年に「日本海外移住振興株式会社」が設立され、ブラジルへの移民が行われた。戦後のブラジル移民の特色の一つは、独身男性が多かったことである。女性の単独移住は認められていなかったため、独身男性移住者はやがて結婚難に直面することになった（島田 2009）。そこで、ブラジルに写真花嫁が渡るようになった。戦後ブラジルに渡る写真花嫁の場合、全国農業拓殖組合連合会の中に「花嫁相談員」制度が設置され、日本の家族や留守家族会、県庁も協力して花嫁探しが行われ、約500名の日本女性がブラジルに嫁いだ（島田 2009：122）。また個人での花嫁送り出し事業も行われた。「海外に住むことを希望し、両親もそれに反対なさらない娘さん」を募集し、「移住先国の言語や現地事情、及び主婦としての心得や生活技術を指導・訓練し、移住青年の配偶者としてふさわしい資質を与えようとする、いわば外務省の下請け」で、45日間の食事代5万円、その他の諸経費などで8万円を徴収する形であった（島田 2009：123-127）。

6　例えば、山形県の朝日町の行政主導の男性とフィリピン人女性との結婚は、日本人男性が約一週間のお見合い旅行に出かけ、現地でフィリピン女性とお見合いをし、婚約をして帰国する。そして、約1ヶ月後、再度フィリピンに渡り、現地で結婚し新婚旅行をして、約一週間で新婦同伴して帰国するというプロセスだった（宿谷 1988：46）。

7　「10年以上前から、台湾や韓国の女性を紹介する業者が、都内に二、三ヶ所はあった。そこを通じて来日した女性は、1000人を下らないだろうといわれ、現在は、2万人くらいになっているのではと見られている」（宿谷 1988：92）。また、国内結婚の斡旋紹介所としてスタートし、その後海外事業として国際結婚を始めた東京と横浜の結婚相談所の事例では、それぞれ2年間で200組（農村と都市半々）及び1985年から、1988年7月まで57組（農業2人）（宿谷 1988：105-110）もの成婚があった。それに対して、農村の場合、年間多くとも10組で、JPMは85年8月から88年7月までいくつかの農村部行政と連携して紹介したのは全部で29組に過ぎなかった（宿谷 1988：82）。

8　中国とベトナムの国境地域では、両国を跨ぐ同じエスニシティの人々の間で以前から行われてきた（范 1999）が、ここで指しているのは仲介業者などを通じてベトナム人女性が中国内陸部の男性と結婚する場合である。

9　2006年2月17日に滋賀県長浜市相撲町の田んぼの中にある市道の路上で、幼稚園児2名が刃物でめった刺しにされた状態で発見された事件である。その後、園児の同級生の中国人母親が犯行を認め、2009年に無期懲役が判決された。

10 「県」というのは、中国で日本の行政区分単位で「郡」に相当する。

11 そのほかの女性の出身地は、３社が上海市、３社が桂林市、１社が北京市、１社が中国全域となっている。

12 県政府のホームページによる紹介。http://www.hrbfz.gov.cn/col/col24111/index.html、2020/04/08アクセス。

13 厚生労働省は以下のように「中国残留邦人」を説明している。「昭和20（1945）年当時、中国の東北地方（旧満州地区）には、開拓団など多くの日本人が居住していましたが、同年８月９日のソ連軍の対日参戦により、戦闘に巻き込まれたり、避難中の飢餓疾病等により多くの方が犠牲となりました。このような中、肉親と離別して孤児となり中国の養父母に育てられたり、やむなく中国に残ることとなった方々を『中国残留邦人』といいます。」（厚生労働省ＨＰ https://www.mhlw.go.jp/stf/seisakunitsuite/bunya/hokabunya/senbotsusha/seido02/index.html、2020/05/27アクセス）。また、呉の研究において、中国残留日本人は残留孤児、残留婦人、日僑二世（残留婦人が中国人男性と再婚した際の、元の日本人夫との間に産んだ連れ子、あるいは残留婦人が中国人男性と結婚して産んだ子どものこと）を指している（呉 2004：7）。

14 中華人民共和国成立後から１９５８年までに日中間国交がないが、中国から日本人の引揚げはいくつかの協定で行われて、およそ３万人あまりが集団で日本に帰国した。日本政府は１９５９年に「未帰還者に関する特別措置法」を公布し、集団引揚げが終了になった。その後、ごくわずかの個人日本帰国のケースが存在する（呉 2004）。

15 http://www.mhlw.go.jp/bunya/engo/seido02/toukei.html、２０１３年５月アクセス。

16 帰国した華僑・華人のこと。

17 出典：方正県政府ＨＰ、http://www.hrbfz.gov.cn/col/col24112/index.html、2020/05/27アクセス。

18 方正県内に日本人公墓があり、その近くに日本人残留孤児らが建てた中国養父母公墓がある。この二つの公墓のある場所は、中日友好園林となる。２０１１年に方正県は二つの公墓のところに、それぞれ「日本開拓団民亡者名簿」と「中国養父母逝者名簿」記念碑を建てたが、とくに「日本開拓団民亡者名簿」の碑に対して中国のネットユーザーからの反発の声が多く、２０１１年８月３日に、北京から５名の男性が碑を破壊しようとし、ペンキをかけた事件が起きた。世論の反発を受け、碑は撤去された。それとともに、店の看板に日本語を表記するルールも撤去された。

19 Ｋが筆者に渡してくれた自伝の本：『駒子の生涯―悲惨な戦争に翻弄された一人の女性』に依拠して、Ｋの経験をまとめている。

20 残留婦人に関する具体的な事例は本章では提示しないが、蘭（1994：246–254）、坂部（2008：227–228）、呉（2004：141-168）をご参照ください。

21 １９８９年の入管法改正において、「定住者」ビザが創設され、日本国籍を持たない日系2世・3世、日系2世・3世である定住者の配偶者、及び中国残留邦人とその関係者が日本に入国できるようになった。ただ、「定住者ビザ」の創設意図に関しては議論がある（明石 2010：115–119）。

22 戦後日本から海外移民が再開されたのは１９５２年で、ブラジルへの移民は１９５０年代と１９６０年代の前半までが最盛期だった（石川 2010：104）。

23 栄民文化網 http://lov.vac.gov.tw/Protection/Index.aspx、２０１１年11月アクセス。

24 「台湾地区公務員及特定身分人員進入大陸地区許可辦法」（台湾地域公務員及び特定身分者の大陸地域出入り許可規定）に定められている、大陸に入ることが許されない人たちの大陸にいる3等親以内の親戚。台湾地域に2親等以内の親戚がいる大陸人などが「探親」で台湾に入ることができる。台湾内政部出入国移民署ＨＰによる。https://www.immigration.gov.tw/ct_cert.asp?xItem=1088653&ctNode=32595&mp=1、２０１１年12月30日アクセス。

25 １９５５年に延辺朝鮮族自治州となった。

26 韓国女性と結婚した外国人男性は国籍取得には帰化手続きが必要で、2年間ほどかかることになっていた。

27 もしお見合い後女性が結婚に同意しない、あるいは女性の親に反対される場合、中国滞在中にほかの女性とお見合いする。

28 ２００９年調査時点。

29 おばさんたちには、女性一人の紹介につき、現地の三日間分の給料に相当する70元を渡す。成婚するまでの間に、女性からお金を取らないことを保証してもらって、順調に結婚の話が進み、女性が結婚して日本に行ったら、４０００元を紹介者のおばさんに渡す。

30 Ｃの語りの中の金銭についてはすべて２００９年時点のもの。

31 Ｄ夫婦の結婚に伴う費用は２００６年時点のもの。

32 ２００７年時点のもの。

33 方正県政府が２０１１年に当地域の仲介業者の状況についての調査によると、ベトナム人妻が１１００人ほど在住している。それから２０１２年8月までに更に２００~３００人が入ってきたと政府関係者が推定した。

34 ベトナム人女性をはじめとする東南アジア女性と中国人男性との結婚は、中国の他地域でも見られるようになってきた。方正県の場合と違い、インターネットによる情報伝達の発展により結婚の紹介が進んだ（郝 2014a）。

35 例えば、台湾と韓国に結婚移住者を送り出しているベトナムの三つのコミュニティを調査した研究によると、女性に国際結婚という選択肢ができたことで結婚市場における交渉力が高まった結果、地元の婚資や結婚費用の相場が上昇し、男性が結婚難に直面しているという調査結果が出ている（Belanger et al. 2013：210–211）。また、中国における朝鮮族コミュニティにおいても同様の状況が観察されており、韓国に嫁ぐことが朝鮮族女性の一つの選択肢になったため、朝鮮族男性の結婚が難しくなっていると指摘されている（姜・朴 2011）。

36 ２０１２年時点のもの。

37 結婚式を挙げてから、入国するための面談を受けるまで少なくとも６ヶ月以上かかるようになり、さらに全員が面談に通るとは限らなくなった（Kung 2009：181–182）。

38 Goffman の枠組みを用いて、台湾にいるフィリピン人家事労働者と雇用主の分析を行なった研究がある（藍 2010：219–261）。

39 筆者が調査の時に、中国の『南都周刊』という新聞の記者とカメラマンもお見合いツアーに参加していた。後日に『南都周刊』（２０１０年第12号）にお見合いツアーの記事と写真が載せられていた。本稿において、南都周刊撮影と表示している写真はすべてそこから引用して、筆者がモザイクをかけたものである。

40 Lはその後も何回かGのツアーに参加したが、だんだんGのやり方に疑問を抱き、自分だけで探すことにした。それから一年ほどの間、12回もベトナムに出向き、ようやく少し中国語が話せる大卒の女性と結婚した。筆者が２０１２年に電話した時に、すでに８ヶ月の息子ができていた。

41 ただ、自分で知り合って、相手の外見や性格を気にいった場合、相手に対する経済的な要求がそれほど高くない（徐 2000）。

42 国際結婚の場合、離婚率が高くなるという調査結果がある（落合ほか 2007）。しかし、先行研究では、婚姻中の対象者に関する研究がほとんどであり、一部に「逃げた花嫁の主体」（ran away agency）に言及したものがみられるものの（Faier 2009：194）、そこでは再婚までの過程は看過されている。

『史苑』、59(1)：72–93。

王宏仁，沈倖如，2003，〈融入或逃难？“越南新娘”的在地反抗策略〉，萧新煌主编《台湾与东南亚：南向政策与越南新娘》，249–284.

Wang, Hong-zen, and Hsiao Hsin-Huang Michael, eds., 2009, *Cross-Border Marriages with Asian Characteristics*, Academia Sinica.

Williams, Lucy, 2010, Global Marriage: *Cross-Border Marriage Migration in Global Context*, Palgrave Macmillan.

Xiang Biao, 2013, “Multi-scalar ethnography: An approach for critical engagement with migration and social change”, *Ethnography*, 14(3) 282–299.

夏曉鵑，2002，《流离寻岸—资本国际化下的“外籍新娘”现象》唐山出版社 .

徐安琪，2000，< 择偶标准：五十年变迁及其原因分析 >《社会学研究》6：18–30.

Yamanaka, Keiko, and Nicola Piper, 2005, *Feminized Migration in East and Southeast Asia: Policies, Actions and Empowerment*. Geneva: UNRISD Publications 11. Available at http://www.unrisd.org/80256B3C005BCCF9/(httpPublications)/06C975DEC6217D4EC12571390029829A?OpenDocument, accessed June 1, 2015.

山下清海・小木裕文・張 貴民・杜 国慶、2013、「ハルピン市方正県の在日新華僑の僑郷としての発展」『地理空間』6(2)、95–120。

柳澤幾美、2009、「『写真花嫁』は『夫の奴隷』だったのか——『写真花嫁』たちの語りを中心に」、島田法子編著『写真花嫁・戦争花嫁のたどった道：女性移民史の発掘』、明石書店、47–85。

楊婉瑩・李品蓉，2009，< 大陆配偶的公民权困境—国族与父权的共谋 >，《台湾民主季刊》6(3)，47–86.

Yang, Wen-Shan・Lu, Melody C., 2010, *Asian Cross-Border Marriage Migration*, Amsterdam University Press.

閻雲翔，2017，< 社会自我主义：中国式亲密关系—中国北方农村的代际亲密关系与下行式家庭主义 >，《探索与争鸣》第 7 号，41–15.

Zhang Juan, Melody Chia-Wen Lu, Brenda S A Yeoh, 2015, “Cross-border marriage, transgovernmental friction, and waiting”, *Environment and Planning D: Society and Space* 33：229–246.

張菁芳，2008，〈台湾地区外籍配偶适应生活之社会需求初探〉，《中华行政学报》5：165–174.

張亭婷，張翰璧，2008，〈东南亚女性婚姻移民与客家文化传承：越南与印尼籍女性的饮食烹调策略〉，《台湾东南亚学刊》，5(1)：93–146.

郑宇・杨红巧，2009，〈跨国婚姻关系与边疆民族社会变迁—以中越边境红岩寨苗族为例〉，《学术探索》，5：57–61.

小ケ谷千穂、2009、「再生産労働のグローバル化の新たな展開：フィリピンから見る『技能化』傾向からの考察」『社会学評論』60(3)、364-378。

小熊英二、1998、『<日本人>の境界―沖縄・アイヌ・台湾・朝鮮・植民地支配から復帰運動まで』、新曜社。

小澤千穂子・山田昌弘、2010、「結婚仲人の語りから見た『婚活』」、山田昌弘編著『「婚活」現象の社会学』、東洋経済新報社、65-80。

Parreñas RS, 2001, *Servants of Globalization: Women, Migration and Domestic Work*, Stanford, CA: Stanford University Press.

Palriwala Rajni and Uberoi Patricia, eds., 2008, *Marriage, Migration and Gender*, SAGE.

Pessar, Patricia. R and Sarah. J. Mahler, 2003, "Transnational Migration: Bringing Gender" *in International Migration Review*, 37(3)：812-846.

朴沙羅、2017、『外国人をつくりだす』、ナカニシヤ出版。

Piper, Nicola and Roces, Mina eds., 2003, *Wife Or Worker?*, Rowman and Littlefield.

Refsing, Kirsten, 1998, "Gender Identity and Gender Role Patters in Cross-Cultural Marriages: The Japanese-Danish case", Breger, Rosemary. & Hill, Rosana, *Cross-cultural Marriage: Identity and Choice*. Oxford.

坂部晶子、2008、『「満洲」経験の社会学――植民地の記憶のかたち』、世界思想社。

賽漢卓娜、2011、『国際移動時代の国際結婚』、勁草書房。

佐藤郁哉、1992、『フィールドワーク　書を持って街へ出よう』、ワードマップ・新曜社。

施利平、2000、「国際結婚夫婦におけるコミュニケーションと婚姻満足度」『ソシオロジ』4(3)、57-73。

島田法子、2009、『写真花嫁・戦争花嫁のたどった道』、明石書店。

Shorter, E., 1975, *The Making of the Modern Family*, New York: Basic Books.

宿谷京子、1988、『アジアから来た花嫁』、明石書店。

末盛慶、1999、「夫の家事遂行及び情緒的サポートと妻の夫婦関係満足感――妻の性別役割分業意識による相互作用」『家族社会学研究』11：71-82。

武田里子、2011、『ムラの国際結婚再考』、めこん。

竹下修子、1997、「国際結婚カップルの結婚満足度」『ソシオロジ』129号42(1)：41-57。

――――、2000、『国際結婚の社会学』、学文社。

――――、2004、『国際結婚の諸相』、学文社。

田中景、2007、「二十世紀初頭の日本・カリフォルニア『写真花嫁』修業――日本人移民女性のジェンダーとクラスの形成」『社会科学』68、303-334。

Tseng, Y. F., 2010, "Marriage Migration to East Asia: Current Issues and Propositions in Making Comparisons", Yang Wen-Shan and Melody Chia-Wen Lu eds., *Asian Cross-border Marriage Migration*, 31-45.

筒井淳也、2008、『親密性の社会学――縮小する家族のゆくえ』世界思想社。

――――、2013、「親密性と夫婦関係のゆくえ」『社会学評論』、64(4)：572-588。

上野千鶴子、1995、「『恋愛結婚』の誕生」『結婚』、東京大学出版会、46-79。

右谷理佐、1998、「国際結婚からみる今日の日本農村社会と「家」の変化」

《南方人口》1(23)：34-4.
林开忠，2006,〈跨界越南女性族群边界的维持：食物角色的探究〉,《台湾东南亚学刊》, 3(1)：63-82.
龍耀・李娟，2007,〈中国—东盟架构下西南边境跨国婚姻子女政治社会化问题思考—以广西大新县隘江村为例〉,《学术探索》，2：100-107.
龍耀・羅柳寧，2007,〈例论中越边境地区跨国婚姻子女的政治社会化〉,《广西民族研究》4：58-67.
羅柳寧，2010,〈例论中越边境跨国婚姻建立的基础—兼论“无国籍女人”的身份〉,《广西民族研究》1：57-61.
罗文青，2006,〈和平与交往：广西边境地区跨国婚姻问题初探〉,《广西师范大学学报：哲学社会科学版》，42(1)：52-56.
Mahler. J Sarah and Patricia R. Pessar, 2006, "Gender Matters: Ethnographers Bring Gender from the Periphery toward the Core of Migration Studies", *The International Migration Review*, 40(1)：27-63.
————, 2001, "Gendered Geographies of Power: Analyzing Gender Across Transnational Spaces", *Identities*, 7：4, 441-459.
Marcus, George E, 1986, "Contemporary Problems of Ethnography in the Modern World System", James, Clifford and George E. Marcus eds., *Writing Culture: The Poetics and Politics of Ethnography*, University of California Press.
————, 1995, "Ethnography in/of the World System: the Emergence of Multi-sited Ethnography", *Annual Review of Anthropology*, 24：95-117.
Massey, D. S., 1993, "Theories of International Migration: A Review and Appraisal", *Population and Development Review*, 19(3)：431-466.
松本邦彦・秋武邦佳、1994、「国際結婚と地域社会：山形県での住民意識調査から（その1)」、『山形大学法政論叢』、(1) 160-125。
————、1995、「国際結婚と地域社会：山形県での住民意識調査から（その2)」『山形大学法政論叢』、(4)、206-178。
Nakamatsu, Tomoko, 2003, "International Marriage through Introduction Agencies: Social and legal realities of 'Asian' wives of Japanese men", *Wife or Worker?* edited by Nicola Piper and Mina Roces, Rowman & Littlefield, 181-201.
————, 2005, "Faces of 'Asian Brides': Gender, Race, and Class in the Representations of Immigrant Women in Japan", *Womens' Studies International Forum*, 28(5)：405-417.
中澤進之右、1996、「農村におけるアジア系外国人妻の生活と居住意識——山形県最上地方の中国・台湾，韓国，フィリピン出身者を対象にして（特集2 わが国における国際結婚とその家族をめぐる諸問題)」『家族社会学研究』、(8)：81-96。
落合恵美子、2012、「親密性の労働とアジア女性の構築」、落合恵美子・赤枝香奈子編、『アジア女性と親密性の労働』、京都大学学術出版会。
Ochiai and Aoyama eds., 2013, *Asian Women and Intimate Work*, BRILL.
落合恵美子・Liaw, K.-L.・石川義孝、2007、「日本への外国人流入からみた国際移動の女性化—国際結婚を中心に—」、石川義孝編『人口減少と地域—地理学的アプローチ—』京都大学学術出版会、291-319。

Marriage in Contemporary Japan," *Geographical Review of Japan Series B* 83(1)：1-14.
井筒紀久枝、2004、『大陸の花嫁』、岩波書店。
伊藤裕子・相良順子・池田政子、2006、「夫婦のコミュニケーションと関係満足度、心理的健康の関連――子育て期のペア・データの分析」『家族問題研究（聖徳大学家族問題相談センター紀要)』4：51-61。
伊藤るり・足立眞理子編著、2008、『国際移動と「連鎖するジェンダー」：再生産領域のグローバル化』、作品社。
郝洪芳、2010、「日中国際結婚に関する一考察――業者婚する中国女性の結婚動機を中心に」『京都社会学年報』、京都大学文学部社会学研究室、18：67-81。
――――、2014a、「東アジアにおける越境結婚の連鎖――送り出し国から受け入れ国に転換しつつある中国の事例を中心に」、『21世紀東アジア社会学』、日中社会学会第6号、172-187。
――――、2014b、「見合い結婚から恋愛結婚へ――日中国際結婚が示唆する現実」園田茂人編『日中関係史Ⅳ　民間』、東京大学出版会、181-204。
黄速建・李鸿阶主编，2011，《平潭综合实验区开放开发研究》经济管理出版社 .
姜善・朴今海，2011，<朝鲜族农村妇女流动及其社会影响>,《满族研究》, No. 3, 115-119.
陳野守正、1992、『大陸の花嫁――「満州」に送られた女たち』、梨の木舎。
嘉本伊都子、2001、『国際結婚の誕生』、新曜社。
――――、2008、『国際結婚論!?』現代編、法律文化社。
――――、2014、「結婚移住女性と多文化共生――震災と離婚という視点から」『現代社会研究科論集』、1-33。
加藤トヨ、2006、『駒子の生涯――悲惨な戦争に翻弄された一人の女性』、熊日出版。
Kung, I-Chun. 2009. "The Politics of International Marriages: Vietnamese Brides in Taiwan", *Cross-Border Marriages with Asian Characteristics? Transnational Marriages between Southeast and Northeast Asia*, edited by Hsin-Huang Michael Hsiao and Hong-Zen Wang, 177-188. Taipei: Center for Asia-Pacific Area Studies, Academia Sinica.
桑山紀彦、1995、『国際結婚とストレス――アジアからの花嫁と変容するニッポンの家族』、明石書店。
――――、1997、『ジェンダーと多文化』、明石書店。
――――、1999、『多文化の処方箋』、アルク。
藍佩嘉 , 2010,《跨国灰姑娘：当东南亚帮佣遇上台湾新富家庭》, 行人 .
Lee Hye-kyung, 2013, "The role of multicultural families in South Korean immigration policy", Ochiai and Aoyama eds., *Asian Women and Intimate Work*, BRILL, 289-311.
Levitt Peggy and Nina Glick Schiller, 2004, "Conceptual and Methodological Developments in the Study of International Migration", *The International Migration Review*, 38(3), 1002-1039.
李惠景、2012、「韓国の移民政策における多文化家族の役割」、落合恵美子・赤枝香奈子編『アジア女性と親密性の労働』、京都大学学術出版会。
李娟・龍耀，2008，〈中越边境跨国婚姻问题研究—以广西大新县隘江村为例〉,

Donato, Katharine M. et al. ,2006, "A glass half full? Gender in migration studies", *International Migration Review*, 40(1)：3-26 .
Ehrenreich, Barbara・Hochschild, Arlie R.,, 2002, *Global Woman*, Metropolitan Books.
Erickson, R. J. 1993, "Reconceptualizing family work: The effect of emotion work on perceptions of marital quality", *Journal of Marriage and the Family*, 55, 888-900.
Faier, Lieba, 2009, *Intimate Encounters: Filipina Women and The Remaking of Rural Japan*, University of California Press.
范宏贵, 1999,〈中越两国的跨境民族概述〉,《民族研究》6：14-20.
Freeman, Caren, 2005, "Marrying Up and Marrying Down: The Paradoxes of Marital Mobility for Chosŏnjok Brides in South Korea", *Cross-Border Marriages: Gender and Mobility in Transnational Asia*, Edited by Nicole Constable, 80-100, 2005.
Friedman L. Sara, 2010, "Marital Immigration and Graduated Citizenship: Post-Naturalization Restrictions on Mainland Chinese Spouses in Taiwan", *Citizenship and Migration*, 83(1)：73-93.
Giddens, Anthony, 1992, *The Transformation of Intimacy: Sexuality, Love and Eroticism in Modern Societie*, Cambridge: Polity Press.
呉万虹、2004、『中国残留日本人の研究』、日本図書センター。
Goffman, Erving, 1959, *The Presentation of Self in Everyday Life*, Doubleday.（= 2017、石黒毅訳『行為と演技――日常生活における自己呈示』誠信書房。）
―――, 1963, *Stigma: Notes on the Management of Spoiled Identity*, Prentice-Hall.（= 2016、石黒毅訳『スティグマの社会学――烙印を押されたアイデンティティ』せりか書房。）
Hao, Hongfang, 2015, "A Tale of a Global Family: Shifts and Connections among Different Streams of Marriage Migrations in Asia", *Cross-Currents: East Asian History And Culture Review*, No.15, 9-29.
Heng Leng Chee, Brenda S.A. Yeoh and Thi Kieu Dung Vu, 2012, "From Client to Matchmaker: Social Capital in the Making of Commercial Matchmaking Agents in Malaysia", *Pacific Affairs*, 85(1)：91-115.
樋口直人、2005、「ブラジルから日本への移住システム――市場媒介型メカニズムの形成」梶田孝道・丹野清人・樋口直人著『顔の見えない定住化』138-162。
平山順子、1999、「家族を"ケア"するということ―育児期女性の感情・意識を中心に―」『家族心理学研究』13：29-47。
Hugo, Graeme J, 2005, "Immigration Responses to Global Change in Asia：A Review," *Geographical Research*, 44(2)：155-172.
稲葉昭英、1995、「性差・役割ストレーン・心理的ディストレス」『家族社会学研究』7：93-104。
石川友紀、2010、「日本出移民の歴史地理学的研究――ブラジル日本移民を事例に」、丸山浩明編著『ブラジル日本移民―百年の軌跡―』、87-112、明石書店。
Ishikawa, Yoshitaka, 2010, "Role of Matchmaking Agencies for International

引用文献

Alba Richard and Nancy Foner. 2015. *Strangers No More: Immigration and the Challenges of Integration in North America and Western Europe*, Princeton University Press.

明石純一、2010、『入国管理政策』、ナカニシヤ出版。

蘭信三、1994、『「満州移民」の歴史社会学』、行路社。

————、2008、編著『日本帝国をめぐる人口移動の国際社会学』、不二出版。

安里和晃、2014、「グローバルなケアの供給体制と家族」『社会学評論』64(4): 625-648。

————、2016、「移民レジームが提起する問題：アジア諸国における家事労働者と結婚移民」、『季刊社会保障研究』51(3・4): 270-286。

Belanger, Daniele, Tran Giang Linh, Le Bach Duong, and Khuat Thu Hong, 2013, "From Farmers' Daughters to Foreign Wives: Marriage, Migration and Gender in the Sending Communities of Vietnam", Ochiai Emiko and Aoyama Kaoru eds., *Asian Women and Intimate Work*, Brill, 191-216.

Boris, Eileen and Rhacel Salazar Parreñas eds., 2010. *Intimate Labors: Cultures, Technologies, and the Politics of Care*. Stanford: Stanford University Press.

Brettell Caroline B. A 2017, "Marriage and Migration", *Annual Review of Anthropology*, 46 : 81-97.

Castles Stephen and Mark J. Miller, 2009, *The Age of Migration: International population movements in the modern world*, fourth edition, Palgrave Macmillan.

趙彦寧, 2004a, < 公民身份、现代国家与亲密生活：以老单身荣民与 " 大陆老娘 " 的婚姻为研究案例 >《台湾社会学》8 : 1-41.

————, 2004b, < 现代性想象与国境管理的冲突：以中国婚姻移民女性为研究案例 >《台湾社会学刊》32 : 59-102.

————, 2005, < 社福资源分配的户籍逻辑与国境管理的限制：由大陆配偶的入出境管控机制谈起 >《台湾社会研究季刊》59 : 43-90.

————, 2007, < 亲属连接、社会规范与国境管理：中国福建省无证移民的研究 >《台湾社会学》13 : 129-171.

————, 2008,〈亲密关系作为反思国族主义的场域：老荣民的两岸婚姻冲突〉《台湾社会学》16 : 97-148.

Clifford, James and George E. Marcus eds., 1986, *Writing Culture: the Poetics and Politics of Ethnography: a School of American Research Advanced Seminar*. University of California Press.

Constable, Nicole, 2003, *Romance on a Global Stage*, University of California Press.

————eds., 2005, *Cross-Border Marriages: Gender and Mobility in Transnational Asia*, University of Pennsylvania Press.

————, 2009, "The Commodification of Intimacy: Marriage, Sex, and Reproductive Labor", *Annual Review of Anthropology*, 38 : 49-64.

Diggs, Nancy B., 2001, *Looking Beyond the Mask*, State University of New York Press.

付録：調査データ表

調査対象者	基本情報（調査当時）	概要
VH9	30代、初婚/妻が30代	結婚相手に恵まれなかった。仲介業者に連れられてベトナムでお見合いして結婚したが、女性側のことがいまいちわからない感じだ。妻は不満が多い。
VC1	40代、中国人男性	都市部の中国男性に紹介している。
VC2	40代、中国人男性	年収10万元以上の男性に紹介している。なぜならベトナム人女性は中国であまり仕事ができないので、男性一人の収入に頼る。
VC3	40代、中国人男性	中国では一人っ子が多く、女性たちの結婚に対する要求が高い。
VC4	30代、中国人男性	ベトナムとの交流が増えて、交通も便利になったから、結婚も増えた。男性会員は30代以上の人がほとんどで、ある程度の年収のある人。ベトナム人女性は若い人が多い。
VC5	40代、中国人男性	インターネットでベトナム人女性との結婚を見て、実際にベトナムに行って、ベトナム人女性と結婚した。それから仲介業をやっている。

調査対象者	基本情報（調査当時）	概要
VW10	40代／子ども二人	最初は騙されて売られてきた。その時の夫は頭に病気があり、家も貧乏で、好きではなかったが、子どものために我慢した。子どもが大きくなったから逃げ出した。友達の紹介でいまの中国人夫と知り合った。今の夫はやさしくて、幸せだ。
VW11	40代/子ども一人	中国人男性と自由恋愛して結婚した。結婚当初はよかったけど、その後夫から暴力を受けた。中国の身分証がなくて困っている。
VW12	30代/子ども二人	中国人男性と自由恋愛して結婚した。独学で中国語を習った。自分でビジネスをしている。
VH1	40代、初婚、結婚して11年間/妻が30代/子どもが二人	二人はベトナムで出会ってベトナムに在住している。1999年結婚した当時は結婚手続きが煩雑だった。2000年以降はより簡単になった。妻はずっと専業主婦をしている。ベトナムで中国人男性より台湾や韓国人男性がもっと人気な結婚相手だ。
VH2	20代/妻が20代	家族でベトナムに在住している。ベトナムに留学中に、今の妻は同じ大学の中国語専攻で、よく一緒に勉強していた。それから付き合うようになって、結婚した。妻にすべての給料やものを渡している。
VH3	30代/妻が20代/子どもが二人	妻の親戚とビジネスをやっていて、知り合って結婚した。子どもや妻に中国語を習わせている。今は仕事でベトナムに住んでいるが、将来は中国に住むつもり。
VH4	40代、再婚/妻が30代、初婚/子どもが一人	妻の実家を立て直してきれいにした。それで妻と妻の家族が喜んだ。ベトナムに住んでいるが、妻と子どもは中国語が少し話せる。
VH5	40、再婚/妻が20代	ベトナムで会社をやっている。
VH6	30代/妻が20代	32歳の時、彼女と別れてから、親や友達の紹介で何度もお見合いをした。お見合いのときに、いつもどうやって来た、今どこに住んでいると聞かれる。タクシーで来て、親と一緒に住んでいると言うと、もう終わりだ。それでベトナムにお見合いに来て結婚した。
VH7	40代前半、初婚/妻が20代、初婚/子どもが一人	中国で結婚が難しかった。仲介業者と一緒にベトナムに行ったが、うまくいかなかったので、自分で通訳を見つけてベトナムに行くようになった。それから妻と知り合って結婚した。
VH8	40代、再婚/妻が20代、初婚	前妻は離婚して韓国人と結婚して韓国に移住した。再婚が難しかったので、仲介業者と一緒にベトナムに行って、結婚した。

調査対象者	基本情報（調査当時）	概要
TW11	30代、台湾に来て6年間	南アフリカで台湾人夫と知り合って結婚した。いま思うと、やっぱり中国人男性との結婚がいいと思う。
TW12	60代／夫が80代	台湾人夫は中国大陸出身の国民党兵士だ。前妻はインドネシアの華僑だった。前妻との間に二人の子どもがいる。台湾に来て10年間の間、夫の子どもは自分と口を聞くことが全くなかった。父親の財産を狙っていると思われているから。夫の子どもたちは、夫の持ち家を自分たちの名前に変更させようとしている。
TH1	40代／妻が20代	妻は毎日おしゃれだけを考えて、自分にあまりやさしくない。
TH2	40代／妻が30代	妻はこちらで大変だった。自分は包容的にならないといけない。
ベトナム→中国　【ベトナム人妻VW・中国人夫VH・仲介業者VC】		
VW1	20代／夫が30代／子どもが一人	義理の両親と同居していた。両親は家事、育児の手伝いをしてくれてよかった。
VW2	30代／夫が30代／子どもが一人	義理の両親と同居。子どもが一人。マレーシア、シンガポールで働いたことがある。実家では台湾、韓国に嫁ぐ女性が多い。今の嫁ぎ先はよくないので、離婚することを考えている。
VW3	20代／夫が30代／子どもが一人	夫が働き者でよかった。お正月の時に、実家に3000元を送金してくれた。
VW4	60代、再婚	ベトナムの元夫が戦争で亡くなった。37歳で中国人夫と再婚してこちらに来た。子どもが二人。子どもはベトナム語ができない。子どもにベトナム語を教えることは義理の母親に反対された。
VW5	50代／子どもが二人	1987年に結婚して中国に来た。こちらで一所懸命働いて二階建ての家をたてた。
VW6	40代／子どもが二人	20代の時に中国人男性と結婚した友達の紹介を通じて結婚で来た。夫はあまりやさしい人ではない。このまわりに5人ぐらいのベトナム人妻が住んでいる。
VW7	40代／子どもが一人	20代の時に人の紹介を通じて結婚して来た。家族に反対されたけど、自分は結婚に同意した。ここで一番の問題は中国の戸籍がもらえないことだ。
VW8	50代／子どもが三人	1998年に結婚で来た。同じ村に7人のベトナム人妻が住んでいる。中国人夫がすでに亡くなっている。
VW9	30代／子ども二人	1993年に親戚に紹介してもらって結婚で来た。ここでは貧しい生活をしている。

調査対象者	基本情報（調査当時）	概要
TW6	50代／夫が70代	高卒してからアパレルと飲食業界で働いていた。20代の時に中国で結婚したが、性格が合わずに離婚した。子ども一人をイギリスに留学させた。 台湾人夫の前妻は50代の時に亡くなった。夫が70代の時に友達の紹介で自分と知り合った。写真と電話番号を交換して、9ヶ月で毎日電話してくれた。大陸に三回来て、結婚した。 自分はお金のために台湾に来たと思われて、金銭に関して何ももらえない。スーパーの買い物でさえ自分で払わないといけなかった。自分が台湾に来る前に、台湾人夫は持ち家などをすべて彼の子どもの名前にした。 台湾人夫の世話を7年間して、本来ならもう台湾の身分証をもらうはずだが、その間の1年間は病気で倒れた自分の母親の世話のため、台湾にいる時間が123日間を満たさなかったから、身分証をもらうには9年間を待たないといけなくなった。
TW7	20代、初婚／夫が40代、再婚	出身家族との関係がよくない。父親はずっと不在だった。一緒に暮らしてきた母親がだいぶ前に亡くなった。暖かい家族が欲しくて早く結婚したかった。自分よりだいぶ年上で、自分に優しい男性と結婚したかった。母親が亡くなったあと、自殺することも考えた。台湾企業で働いていまの夫と知り合って、間もなく結婚して台湾に移住した。夫と22歳の歳の差でまわりに反対された。台湾に来る前にいろいろ予想していたが、実際の状況に直面すると、やはり難しかった。大陸人としてスーパーで買い物するだけで差別を受ける。 台湾人夫の両親と二人の子どもとの同居でストレスがたまっていた。毎日主婦の生活でうつになりそうで、よく泣いていた。離婚も考えた。その後、働き出してから、よくなった。給料の半分は家族に使い、一緒に外食するなどで、家族も嬉しい。
TW8	30代	夫が大陸にいた時は、弱かったが、台湾に来ると気が強くなった。大陸と台湾の関係でよく喧嘩する。
TW9	20代、子ども一人	夫の両親と同居している。義理の両親が小さな店をやっている。台湾に来たばっかりの時に、自分も店の手伝いをしないといけなかった。いま夫と離婚に関して協議中。
TW10	20代、台湾に来て5年間	上海の大学を卒業した。台湾企業で働いて、同じ会社の台湾人同僚と結婚した。結婚して台湾に移住したが、台湾の本社に移籍して、働き続けた。そのため、まったく適応の問題がなかった。子どもが一人で、ほとんど義理の母親に育てられていて、もう4歳となっている。

付録：調査データ表

調査対象者	基本情報（調査当時）	概要
TW4	30代／夫が30代／子ども二人	短期大学卒後、保険会社で働いていた。友達の紹介で台湾人夫と知り合った。友達の同僚は台湾にいる親戚の紹介で、台湾人男性と結婚している。結婚する前にネットでチャットして、何度か大陸に会いに来てくれて、それから結婚した。家族に反対されたけど、結婚を決意した。でも台湾に来た後に後悔して、家族の気持ちがわかった。結婚する前に台湾に来ることができないから、本当の状況を知ることができなかった。結婚の時に、台湾に来るために面談があって、プライベートのことをたくさん聞かれて気持ち悪かった。最初の2年間は半年大陸で半年台湾の生活で、手続きも複雑だった。 大陸で働いていたので、台湾に来て急に家にいるだけになって、夫の家族との関係もよくなくて、毎日泣いていた。外でも結構差別があって、社会的なプレッシャーも大きかった。 台湾に来て2年後に子どもができて、妊娠中に政府が提供した新移民のイベントに参加した。その時に、同じ大陸人配偶者で妊娠している三人の友達と知り合って、それから毎日気分がよくなった。でも子どもたちは全部自分だけで育てて大変だった。 もう7年ぐらいずっと家にいて、今の仕事は台湾に来てから初めての仕事だ。このポストは政府の移民支援でできたポストで、短期の仕事になる。
TW5	30代、台湾に来て10年間／夫が40代	台湾人夫は、親戚の遠い親戚で、親戚に紹介してもらった。結婚したのは、20代前半のときだった。その際、父親はすでに亡くなった。兄と姉がいるが、あまり親しくない。大陸にいたときに、アルバイトしていて、恋愛経験がなかった。台湾で義理の両親と同居している。ずっと専業主婦をして働かなかった。台湾に来て6年間の間はずっと家にいるだけで、出かける時も家族と一緒のお出かけで、自分は全く友達を持たなかった。 最初の時、警察もよく家に来て偽装結婚かどうかをチェックしていた。 身分証をもらってから少しずつ仕事をするようになって、初めて台湾人の友達ができた。

調査対象者	基本情報（調査当時）	概要
中国大陸→台湾　【妻TW・台湾人夫TH・国際結婚支援組織TC】		
TW1	20代、台湾に来て4年間	中国で短期大学を卒業して、仕事したてのときに、台湾人夫と知り合って、結婚して台湾に移住してきた。結婚後、自由がなくなったように感じる。 子どもが一人で、おもに義理の母親に育てられている。義理の母親にお金を払っている。自分は店をやっている。
TW2	30代前半、台湾に来て5年間	インターネットで夫と知り合った。夫は実際に会いに来て、結婚する話になった。家族に反対されたけど、誠実そうな人で自分を騙すことはないと思って、結婚に同意した。いまにして思うと、自分は甘かった。台湾に来て一年後、夫の方はだんだん強くなって喧嘩が増えた。台湾ではみんな大陸のものが好きではなく、プレゼントとして渡しても、ゴミ箱に捨てられる。 いま子どもが4歳になって、自分の時間ができたから、コミュニティの大学に通って、政府が新移民に提供しているクラスに参加している。
TW3	30代／夫が40代／子どもが一人	台湾人夫とうまくいかず、離婚した。子どもは共同親権で、引き続き台湾に住むことができて、身分証をとった。その後、教会で知り合った台湾人男性と再婚している。

調査対象者	基本情報（調査当時）	概要
JC3	60代、日本人男性、農業	日本人妻が亡くなった後、一人で寂しくて結婚相談所に行った。3人の子どもがいるので、結婚が難しかった。それで知り合いから中国人を紹介してもらった。二回中国人女性と結婚したことがある。今は信頼できる中国人の友達と一緒に紹介の仕事をしている。日本の東北地域の男性に国際結婚を紹介しているが、日本人男性たちは真剣だけど、親の考え方がかたくて、うまくいかない。日本国内の日本人同士の結婚も紹介しているけど、男女とも理想が高く、男性は50代や40代なのに、初婚だから子どもが欲しいので、若い女性がいいと思っている。女性も38歳とかで理想の男性を求めている。昔の人たちは結婚というのが当たり前のことだから、みんな結婚した。いま、出会いの場もない。
JC4	40代、残留孤児二世、来日12年	二つの仲人連盟に入っている。日本人同士の成婚率が低い。日本人男性は日本の結婚相談所でなかなか結婚の話がまとまらなくて、それから中国にお見合いに行く。中国で中国女性側は男性を選ぶことができない。
JC5	60代、中国人女性	お見合いのときに、親が少なくとも一人いることが必要で、結婚も少なくとも一人の親の同意がいる。そうでないと、あとでトラブルになる。女性と何度も話をして、どんな人かを見る。たまに家まで訪問する。
JC6	30代、日本人男性	中国で留学した経験がある。自身も中国人女性と結婚している。
JC7	50代、中国人女性	女性側は深く考えると、日本に行けなくなる。
JC8	40代、中国人女性	日本人男性は要求が高い。
JC9	30代、日本人女性	中国人女性は結婚して日本に行くと、だんだん強くなる。
JC10	40代、中国人女性	ここ中国では一人っ子が多くて、男性は人を愛する心、責任感に欠けている。女の子は自分と同じぐらいの歳の人と結婚したくないので、外国人との結婚を選ぶ。
JC11	60代、日本人男性	紹介した日中国際結婚の中で離婚したケースもあった。国際結婚は差別がつきものだ。
JC12	30代、中国人男性	最近は、男性も女性も要求が高くなってマッチングが難しくなった。
JC13	70代、日本人男性	国際結婚には、完全偽装結婚と片偽装結婚がある。
JC14	40代、中国人女性	国際結婚はコニュニケーション能力が大切だ。

調査対象者	基本情報（調査当時）	概要
JH8	30代、恋愛中／恋人が20代	もともと中国の大学で4年間留学したことがある。仕事関係で香港に在住している。道を歩いたときに、彼女を見て可愛いと思って、声をかけた。二人は中国語で会話している。彼女はまだ入境許可証がなく香港に来ることができなくて毎週末中国大陸側に行く。
JH9	40代、初婚／妻が20代初婚	仕事が忙しかったし、友達と飲みにいったりして楽しかったから、結婚は考えなかった。30代半ばくらいになってから、日本の中でも結婚相談所に行って探したりしたが、同じぐらい歳の女性も仕事など、いろいろ固まっているので、結婚の話になると、駆け引きみたいな感じになっちゃう。そういうときにホームページなどを見て、国際結婚を選んだ。中国人妻と結婚してから、中国語を習って、中華料理が大好きになった。
JH10	50代、再婚／妻が30代、再婚	日本では若い女性との結婚が難しい。以前、中国の広東省で三年間駐在したことがある。その時に中国の女性と話したことがあって、中国の女性がいいなと思った。
JH11	50代、再婚／妻が30代、再婚	前妻と離婚した。日本の女性と結婚するとしたら、多くても7歳の歳の差で、40代の人になる。40代で仕事をしていていままで一人で生きてきた人なら強い。
JH12	30代、初婚／妻が20代、初婚	女性と出会う機会に恵まれなかった。職場に中国人女性と結婚した人がいて、自分も国際結婚紹介所を通じて結婚した。
JH13	60代、再婚／妻が30代	旅行で中国に何度も来た。いま中国に住んでいる。家ではお茶をいれることだけをしている。
JH14	30代、初婚／妻が20代、初婚	日本で日本の女性が好きになってくれないし、自分もそのようなおしゃれだけど、でも実は弱い女性が好きじゃない。だから中国人のほうがいい。
JC1	40代、中国人女性	仲人連盟に加入して日本国内の結婚、中国との国際結婚を紹介している。
JC2	40代、中国人女性	日本に留学して、日本人男性と結婚している。国際結婚紹介所で働いている。

調査対象者	基本情報（調査当時）	概要
JW23	30代、再婚／夫が60代	中国で結婚してすぐに離婚した。好きな人はすでに妻子持ちで結局別れた。日本人とお見合いして結婚したが、一年未満で離婚した。
JH1	40代、大卒、会社員、初婚／妻が短期大学卒、初婚	ずっと仕事や趣味に没頭していたが、一回倒れて体の左半分が不自由になった。そのあと、結婚のことを考え始めた。
JH2	50代、自営業、再婚／妻が30代、専門学校卒、中国では幼稚園教師、再婚	日本人妻と離婚して寂しかった。インターネットにある国際結婚紹介所で中国人妻の写真を見て、中国にお見合いに行って結婚した。
JH3	40代、自営業、初婚／妻が20代、中卒、初婚	職場的になかなか女性と付き合えるような状況じゃなかった。女性に人気あるタイプじゃない。30歳を過ぎたあたりから日本の中でお見合いしたり、多少は女性と付き合ったりもしたけど、なかなかうまく話がまとまらなかった。インターネットとか見てみると、理想的な女の子がいて、国際結婚を考え始めた。
JH4	40代、工場勤務、初婚／妻が20代、初婚	日本人女性と縁がなかった。 中国人妻と一番大変なのはお金の問題。料理や洗濯もしてくれない。東京に仕事を紹介して、離婚をそそのかしている人がいるみたい。結婚してから、知らなかったことがたくさん出てきた。
JH5	40代、再婚／妻が30代、再婚	前の妻も中国東北部出身の中国人だった。27歳で再婚の男の子持ちの女性だった。業者に紹介してもらった。2005年に日本に来て、一緒に9月まで生活して、そのあと別居した。あまり料理を作ってくれなくて、お金の無駄遣いも多いのが問題で12月に離婚した。そのあと彼女はほかの日本人と結婚した。友達の紹介で2006年に今の妻とお見合いして、5月に結婚した。
JH6	40代、初婚、会社員／妻が30代、初婚、来日8年間	夫婦間に国境がないと思う。最初のときは習慣とか考え方の違いでかなり大喧嘩したけれど、それを乗り越えたら、普通の夫婦だ。
JH7	40代、初婚／妻が30代、高卒、初婚	30歳を過ぎてからお見合いなどをするようになったが、収入が少なく、両親との同居で、なかなか結婚の話がまとまらなかった。結婚相談所の人に中国人との結婚を勧められて中国に行ってお見合いして結婚した。周りに親の面倒を一人で見ている人を見て、なかなか大変そうで、自分は結婚しないと、と思った。

調査対象者	基本情報（調査当時）	概要
JW16	30代、高卒、初婚／夫が40代、初婚	母子家庭で育った。知り合いから国際結婚のことを聞いて、登録してみた。夫は無口で誠実そうな人で結婚を決めた。日本で最初の頃は寂しい上、義理の両親との同居で大変だった。喧嘩して自分たちでマンションを借りて住むようになった。
JW17	20代、恋愛中／恋人が30代	もともと販売の仕事をしていたが、日本人の彼と付き合ってから仕事をやめた。中国人は外国に行くのが難しく、外国で認められていない感じなので、外国に住みたくない。日本人に対しては礼儀正しい、仕事がよく頑張っているイメージだ。
JW18	40代、初婚／夫が50代、初婚／結婚して14年間、子どもが二人	日本に留学で来た。卒業して働いたときに夫と知り合った。中国では結婚しても働き続けるから、自分は結婚後も働き続けることを前提で合意して結婚した。でも、結婚後やはり自分の方は家庭のために残業ができないのでキャリアに影響が出るため、不満を抱えてしまう。夫は会社の付き合いが多く、帰りが遅い。
JW19	40代、大卒、再婚／夫が50代／子どもが二人	90年代末に友達の紹介で日本人と結婚して移住してきた。中国で離婚したので、その環境から離れたい気持ちが強かった。結婚した時は、新しい世界をみようという気分だった。一方、その家庭や国に適応できるかはまだわからなかった。まわりに中国人嫁がたくさんいたので、友達がいてよかった。夫は亭主関白だ。
JW20	20代、中卒／夫が40代、大卒／子どもが二人	まわりに日本人と結婚する人が多く、自分も仲介業者の紹介で日本人夫と結婚した。夫は理解のある人で、優しくてよかった。来日当初は日本語ができなくて、一人で外出するのが怖かった。子どもたちが学校に入ってから、ママ友の付き合いや学校のイベントなどでプレッシャーが大きい。
JW21	40代、中国では会社員／夫は50代	12歳のときに母親が亡くなり、1999年に父親が亡くなった後に、友達の紹介で日本人と結婚して日本に来た。夫は7人の女性とお見合いして、自分と結婚することにした。結婚当時は30歳だった。日本ではいつもプレッシャーが大きいと感じている。10年以上日本に住んでいるが、日本人の友達が一人もいない。外でアルバイトをしたけど、いじめにあってやめた。結局自分の生きる道は家で農業をするしかないと思うようになった。
JW22	40代、大卒／夫が50代／子どもが二人	中国の大学で日本語専攻だった。日本人との結婚は家族に反対されたが、自分は結婚を決めた。でも今はとても後悔している。ここでアルバイトしかできずに、いじめられて、ストレスがひどくて病気になった。2回ほど自殺することを考えた。

調査対象者	基本情報（調査当時）	概要
JW7	30代、専門学校卒、中国では幼稚園教師、再婚／50代、自営業、再婚	元夫の浮気問題で離婚した。 子どももいるので、中国で再婚することが難しい。周りに日本に移住した人が多くて、自分も日本人との結婚を選んだ。
JW8	20代、中国では店員、初婚／夫が40代、会社員、初婚	20歳のときにも友達が日本人男性を紹介してくれた。ただ、その時は若かったし、彼氏もいたから、断った。彼氏と5年間付き合って、結局別れてしまった。新聞で国際結婚の情報を見て登録した。日本に来て、想像したのと違って、ショックを受けた。
JW9	40代、初婚／夫が50代、初婚	夫が中国駐在中に知り合って結婚した。日本に移住するつもりはなかったけど、夫が日本に帰国することになって、一緒についてきた。日本に来て最初の4年間は仕事がなくて、家事、料理をしていた。日本に住んで10年間が経っても、まだ慣れずに、生活に不満を抱えている。
JW10	30代、初婚／夫が50代、再婚	友達の紹介で日本人男性と結婚して日本に移住してきた。家族と初めて離れるので、ホームシックで大変だ。
JW11	20代、初婚／夫が30代、初婚	まわりに外国人と結婚する人が多く、日本人とお見合いして結婚した。4年目にして離婚した。
JW12	20代、初婚、中国では販売員／夫が40代、大卒、会社員、再婚／子どもが一人	中国で仕事が大変だった。新聞で国際結婚の情報を見て登録した。結婚は家族に反対されたけど、自分は決意した。日本に出発する前に、毎日眠れなくて、行くのが怖かった。日本に来た後に、最初は彼に信用されなくてよく喧嘩したが、妊娠してから、関係が安定した。
JW13	30代、再婚／夫が60代	日本に来た後に後悔した。夫の家は大変古くて、それを見てショックだった。お互い言葉が通じなくて、何かあれば仲介業者に連絡しないといけなかった。夫が定年退職して、毎日一緒にいてストレスがたまる。
JW14	30代、初婚、来日8年間／夫が40代、初婚、会社員	日本人と結婚した友達がいて、その友達が仲介業者を紹介してくれて、仲介業者を通じて日本人夫と結婚して移住してきた。妹も仲介業者の紹介で日本人と結婚している。中国にいたときに、大都市の日本を想像したが、来てみると、大雪の降る田舎で、大変ショックだった。この田舎での生活は働くだけの生活になっている。夫は中国が大好きで助かった。
JW15	30代、初婚／夫が30代、初婚、会社員／子どもが一人	友達が日本人と結婚して日本に住んでいるので、自分も日本人との結婚を考えるようになった。結婚紹介所に登録して結婚した。子どもが生まれたときに、一人だけ病院にいて、とても寂しかった。

付録：調査データ表

調査対象者	基本情報（調査当時）	概要
中国→日本　【中国人妻JW・日本人夫JH・仲介業者JC】		
JW1	20代、短期大学卒、初婚／夫が40代、大卒、会社員、初婚	国家一級運動員で成績がよかったが、不公平に扱われていたので、中国を離れようとする気はずっとあった。日本在住の妹からよく日本の話を聞いている。夫と少し歳の差があるけれど、やさしいし、経済力もあって、教養もあり、理想的なタイプだ。とてもかわいがってくれているし、よく遊びに連れて行ってくれている。でも、いつもいいことばっかり言っているので、果たしてそれが本音なのかどうかわからなくて不安なときもある。
JW2	30代、大卒、初婚、中国でダンス教師／夫が50代、大卒、会社経営、再婚	中国ではいい仕事や、家、車などほしいものは全部持っているし、旅行などしたいこともできたから、一度しかない人生で新しいチャレンジとして、外国に行ってみたい。中国で収入が高いためなかなかいい結婚相手がみつからなかった。
JW3	30代、中国でテレビ局受付、初婚／夫が40代、会社員、初婚	五年間付き合っていた彼と別れて、落ち込んでいた。中国で条件のいい男性との結婚が難しい。この歳で、早く結婚しないとうわさを言われてしまう。 日本人夫はやさしいが、口数が少ない。 日本に来てから毎日することがなく、とても退屈でさびしい。もうすぐ子どもが生まれてくるので、忙しくなるのを楽しみにしている。
JW4	20代、修士卒、初婚／夫が30代、不動産業、初婚	私費としてキプロスで五年間留学して、修士号を取った。中国に帰ってきたら、なかなか好きな仕事が見つからなかった。仕事がないから、いい結婚相手を探すのも難しかった。そして、外国で長く住んでいたため、考え方なども周りと違っていて、中国で生きづらくなった。父が新聞で国際結婚紹介の情報を見て、登録してみた。
JW5	30代、大卒、中国で会社員／夫が30代、会社員、初婚	中国でいい結婚相手が見つからないまま、30歳を過ぎていた。母の友達の子どもが日本人と結婚していて、いろいろな話を聞いている。一番上の姉は夫の浮気問題で離婚したので、中国の男性に失望した。
JW6	30代、専門学校卒、中国で自営業／夫が50代	付き合って8年間の彼と別れた。自分のような条件の人、中国でいい男性との結婚が難しい。それに、中国の男性はちょっとお金を持ったら、すぐ浮気に走ってしまう。 中国ではなんでも競争が激しくて、仕事を探すことも難しいし、商売するのも大変だから、外国に行ってみたいと思った。

あとがき

大学三年生の時のことである。私は、文部科学省の国費留学生として1年間日本の大学に留学していた。その間に、教育委員会に依頼され、中国人の子どもたちに日本語を教えたり、中国人親と学校の間の通訳をしたりしていた。一回は担任の先生の家庭訪問についていったことがある。訪問先の家庭のお母さんが担任の先生をもてなすために、料理を何品か用意していたが、すべて中国東北料理だった（いまにして思えば、そのお母さんは残留孤児や婦人の二世だと思われる）。その中の一品が「缶詰のサンザシ」だと説明されると、担任の先生は「日本であんまり食べないな」と言ったが、中国東北部出身の私にとって、「缶詰のサンザシ」は大変懐かしいデザート的なものだった。これは、初めて国境を越えて日本に行った私が経験した、暮らしの中の越境的なものだった。以来、私は外国で暮らす人々のことに興味を持ち、越境することはいったいどのようなものを意味するのかを理解しようとした。

その後大学院に進学し、国際結婚を研究テーマとした。そして、日本と中国だけでなく、やがて台湾やベトナム、ブラジルでも調査をするようになった。ベトナム調査では、実際にさまざまな国境を見た。橋や川を渡れば中国からベトナムに入国することになる。陸続きで、特に何も障害物があるわけではないが、そこには国境があると教えられた。一部の国境では絶えずに人や貨物が普通に行き来していた。そこで行き来しているベトナム人と中国人はお互い言葉や文化を共通している場合がある。越境しているのだが、越境していないようにも感じるのだ。

しかし、その間に出会った一人のベトナムで生まれ育った華僑にとっては、境界が確実に存在しているのだ。彼のおじいさんの世代で中国側での生活がうまくいかなくて、ベトナムに移住して、お父さんもベトナムで生まれ育った。この華僑は中国国籍を保持していたため、ベトナム戦争の時に軍人になって戦場に行くことは避けられたが、華人排斥運動により1979年に中国に戻らざるをえなかった。中国とベトナムの関係が良くなったあとに、貿易の仕事をするようになったが、漢字の読み書きができずに、いろんな手続きの時は、友達に手伝ってもらわないといけない。このような境界に生きる人は、人生が左右されるものだ。

一方、台湾では、裕福な家に生まれ育って、日本統治時代に日本人と同じ学校で同じ教育を受けていたが、「お前は台湾人だから、人一倍で頑張らんと」と言われ、やっぱり自分は日本人になれない台湾人だと思い知らされたという80歳のおばあさんと会った。おばあさんの場合、一人の中で複数の文化や境界が混じり合い、越境していないが、越境しているのだ。

そして、ブラジルでは、北海道出身で10代に親とともにブラジルに渡り、色々な苦労をしたが、35歳の時に兄弟で広い土地を購入し、人を雇い、やがて農民として成功した92歳の戦前ブラジルに渡った日系一世のおじいさん。戦後独身でブラジルに渡り、写真花嫁と結婚して、大変な時に自分はなんで日本を離れてここに来たと後悔して、のちに出稼ぎとして日本でしばらく働いたが、その日本はもう変貌して自分の思った日本ではなく、やがてブラジルに戻ることにしたという戦後ブラジルに渡った日系一世のおじさんと出会った。越境することは、二人にとってはまったく違う運命につながった。

本書のテーマである「越境する親密性」は、これらの思考の延長線上にある。越境することと、親密性の構築・維持はどのような関係にあるのかを問おうとした。そのプロセスにおいて、上記で述べたような本稿中には登場しなかった方々も含めて、各地でインタビューに応じてくれた人たちが私を力強く推し進めてくださった。皆さんが語ってくれた、笑いあり、涙ありの人生物語が本研究のエッセンスを作り上げているのだ。

本書は２０２１年３月に京都大学大学院文学研究科に提出された課程博士論文をもとにしている。大学院で長年私の研究を応援してくださって、自由自在に研究をさせながら悩んだり困ったりした時に丁寧に導いてくださって、支えてくださった指導教授の落合恵美子先生に心より感謝を申し上げたい。大学院在学中に結婚、出産、引っ越しなど生活上につねに変化があったが、オンラインでゼミ発表をさせていただき、引っ越し先の地域の研究者を紹介してくださったおかげで、どこに行っても研究を続けることができた。出産した際に、しっかり休んでから研究に復帰すればいいというお言葉をいただいて、自分の休養と育児の土台ができてからの復帰は、その後研究を長らく継続する力となって本当によかった。落合先生がいらっしゃらなければ、私がここまでたどり着くことはできなかったのは間違いない。

また、当時京都大学社会学専修の伊藤公雄先生、松田素二先生や安里和晃先生には授業や演習においてご指導をいただいた。とりわけ松田素二先生には博論の原稿に対して大変有益なコメントをたくさんいただいた。そして、研究室の先輩方、後輩、同期の皆さんからは、ゼミや読書会、研究会などの場で、一緒に切磋琢磨しながら多くのことを学んだ。とくに「励まし合い会」の先輩の皆様には博論の執筆の間に大いに支えていただいた。森田次郎さん、阿部友香さんは論文の草稿を何度も読み、細かい点までアドバイスをくださった。松居和子様には長年研究室でサポートしていただき、博士論文の提出の際に大いに助けていただいた。

調査研究を通じた各地の研究者らとの出会いも大変貴重なものだった。台湾での調査研究の際、藍佩嘉先生をはじめとする台湾大学社会学専修の先生方、および東海大学の趙彦寧先生にお世話になった。藍先生の授業は、私の研究に大変刺激を与えてくれた。また、趙先生の研究会や中国大陸での調査に参加したことは、大変良い経験となった。台湾大学社会学専修の学生たちやキャンパスで出会った友人たちが温かく接してくれたおかげで、台湾では良い思い出がたくさんできた。

また、中国の広西民族大学で調査研究を行った際、羅文青先生（現・四川外国語大学）と一緒に中国とベトナムの国境地域やベトナムで調査をし、羅先生の指導学生たちとも交流ができてとても楽しかった。この他、2012年に中国・北京大学の「質的研究方法と社会学研究」のサマースクールや、2013年にイギリス・ブリストル大学での研究交流、および2016年に中国・南京大学の「中国研究」サマースクールで出会った先生方や若手研究者たちから研究や生活上で大いに示唆を得た。

本研究を続ける中で、自分自身の生活の場も京都から名古屋、そしてアメリカのミシガン州へと転々とし、それぞれの地域でたくさんの方々に支えていただいた。名古屋では、名古屋大学の坂部晶子先生のゼミや研究会に出させていただいた。坂部先生の日中共同研究プロジェクトにおいて、中国社会科学院の呉小英先生を初めとする先生方からたくさん学ばせていただいた。ミシガン州に移ってからは、ミシガン大学の殿村ひとみ先生、ならびにミシガン大学日本研究センターに大いにお世話になった。おかげで、ミシガンでも充実した研究生活を送ることができた。

本書の出版は、京都大学全学経費・若手研究者出版助成事業、ならびに京都大学大学院文学研究科の「卓越した課程博士論文の出版助成制度」による助成を受けた。また、本研究は京都大学グローバルCOEプログラム「親密圏と公共圏の再編成をめざすアジア拠点」（代表者：京都大学大学院文学研究科・落合恵美子教授）、科学研究補助金・基盤研究B「アジアの女性の国際移動：家事・介護労働と国際結婚において」（課題番号19402011 代表者：徳島大学・上野加代子教授）及びJSPS科研費JP242948の助成を受けた。本書の出版に際して、明石書店の神野斉様にご尽力をいただいた。記してお礼を申しあげたい。

研究しているうちに、私自身も国際結婚をして、娘ができ、日本からアメリカへとさらなる越境を経験した。博論の追い込みや提出の時期はちょうどコロナ禍と重なり、家族三人でステイホーム中心の生活だった。そのような中、健康でいてくれて、私の執筆を支えてくれた夫と娘に感謝の気持ちでいっぱいだ。つねに私を励ましてくれる中国とブラジルにいる家族にも感謝を伝えたい。

日本とアメリカで育児中心の生活を送る際に、外国で子育てをする女性たちとたくさん出会って、友達になり、いろいろ助けてもらった。そして、だんだんと自分があの「缶詰のサンザシ」で子どもの先生をおもてなししようとしたお母さんの姿と重ね合うようになってきたと感じている。

郝　洪芳

２０２１年10月

ミシガンにて

Chapter 3 presents the global scope of marriage migration in the East Asian context, involving communities in varying processes of socio-cultural and politico-economic transformation in Vietnam, China, Taiwan, and Japan. By focusing on the "Global Family" and its members' involvement in marriage migration across several countries, this chapter presents a vivid picture of the current developments in the arranged transnational marriage migration. This in-depth case study of the transnational replacement marriage portrays the specific patterns and gendered dynamics of marriage migration. Being very much a gendered process, it not only affects women's lived experiences, but also shapes men's lives through constructed and constrained women's agency.

Chapter 4 theorizes the situational and context-bound performance of women, men, and marriage brokers in the matchmaking meetings by using Erving Goffman's metaphors "front region" and "back region." In the front region, the setting of the meetings and the appearance and manners of men and women enhance the hierarchy of their original countries. Meanwhile, there are two kinds of back regions: team back regions and individual back regions. In the former, the brokers play a key role in training the women and men to ensure the matchmaking will be successful. However, in the latter, the men and women exhibit their lack of trust in the brokers and express disappointment about the stigma associated with their marriageability in their original societies. Thus, it is concluded that the arranged transnational marriage is a strategy for the men and women to be seen as "normal human beings" in their societies.

Chapter 5 focuses on the marital relationships in arranged transnational marriage couples. Based on marriage experiences (including divorce and remarriage) of women marriage migrants living in Japan, Taiwan, and China, it shows that marital relationships are strongly influenced by both marital intimacy and the degree of social integration achieved by the immigrant women in the host societies. Marital satisfaction in transnational marriages is highly influenced by the "quality" of the marriage, specifically the intimacy of the couple — including sexual relationships. Another important factor is the social integration of the immigrant women, as determined by the political, social, and economic barriers that they face in their host societies.

In the conclusion, the dynamics of the arranged transnational marriages in East Asia is theorized by the concept of "cross-border intimacy," which is built and maintained in a landscape of social inequality. In the case of East Asia, the changes in the national borders caused the separation and otherization of relatives, which affected people's private sphere. Meanwhile, people have used the cross-border networks to seek ideal intimacy, marriage, start businesses, and attempt to restructure their identities. Thus, as shown in this book, while intimacy is an important factor in both the matchmaking process and the subsequent marital life, cross-border intimacy is also strongly influenced by disparities between nations and societies.

Abstract

Marriage Migration in East Asia: Global Families and Cross-Border Intimacy

Hongfang Hao

The most striking migratory pattern of the late twentieth and early twenty-first centuries in East Asian countries is that of women from poorer countries marrying men from wealthier nations after having been introduced by marriage brokers, friends, or relatives. This trend of arranged transnational marriages has caught the attention of scholars, and has also been the subject of a growing body of literature. However, how this migratory marriage pattern is formed, what its impact is on societies, and the individuals' marital lives have largely been overlooked. This book analyzes the historical process of formation and current trends in the arranged transnational marriage migration. Through a multi-sited ethnography conducted in Japan, China, Taiwan, and Vietnam, it sheds light on the interactions between nations, social changes, and intimacy. By focusing on the migration stories of married couples, their family members, and marriage brokers, this book aims to contribute to a new understanding of the relationship between individuals' agency and the political, legal, socio-economic structures.

This book consists of seven chapters. The introduction provides an overview of the theoretical framework, research purpose, and methodology. Chapter 1 explores how arranged transnational marriage migration takes place in East Asia. By tracing the history of marriage migration flows from China to Japan, China to South Korea, and Mainland China to Taiwan, it demonstrates that people are moving through transnational networks rooted in the Japanese Empire. However, in contrast to most postcolonial labor migration patterns, migration in East Asian countries results from arranged marriages. Comparing marriage migration to the *Nikkei* labor migration from Brazil to Japan has revealed that the key factor is the "otherization of relatives" constructed in the historical-political-economic context of East Asia.

Chapter 2 examines arranged transnational marriages through the narratives of transnational marriage migrants who later became marriage brokers themselves. Once the marriage migration flows were established, some of the transnational couples started introducing the same type of marriages to their friends and relatives, eventually becoming professional marriage brokers. With the cooperation of the broker's own family members, as well as international students, trainees, and travel agencies, the arranged transnational marriage developed into a global marriage industry.

【索引】

【著者紹介】

郝 洪芳（かく・こうほう）

博士（京都大学）

2008年　北京日本学研究センター修了

2012年　京都大学大学院文学研究科修士課程修了

2021年　京都大学大学院文学研究科博士学位取得

主　著　『中国の家族とジェンダー――社会主義的近代化から転形期における女性のライフコース』（共著、明石書店、2021年）

「親密性と社会統合――東アジアにおける紹介型国際結婚の夫婦関係に影響する要因」『ソシオロジ』64（1）、99－116、2019年

東アジアの紹介型国際結婚

――グローバルな家族と越境する親密性

2021年12月30日　初版第1刷発行

著　者　郝　洪芳

発行者　大江道雅

発行所　株式会社明石書店

〒101-0021 東京都千代田区外神田6-9-5

電　話　03-5818-1171

FAX　03-5818-1174

振　替　00100-7-24505

https://www.akashi.co.jp

装　丁　明石書店デザイン室

組　版　朝日メディアインターナショナル株式会社

印　刷　株式会社文化カラー印刷

製　本　本間製本株式会社

（定価はカバーに表示してあります）　ISBN978-4-7503-5319-7